帝国データバンクの

経済に強くなる

数字の読み方

帝国データバンク情報統括部
TEIKOKU DATABANK
Information Management Department

三笠書房

〈はじめに〉
仕事ができる人は必ず「数字に強い人」

経済のニュースには、「数字」がつきものです。
例えば、次のような数字が見出しに登場する記事を目にしたことはありませんか。

- 外国為替市場で円安が進み、**1ドル=150円**を突破した
- 日経平均が**35年ぶりに高値**を更新
- コンテナ**運送費が20%増加**
- アメリカの**住宅価格が8カ月連続で最高**に
- セメント**需要、5年連続で減少**
- ○○造船、**自社株買い1000億円**
- 廃ペットボトルが**16%高**

・石油メジャー**3割減益**……

これらの見出しだけをみると、それぞれの数字が大きく増えたり、減ったりしたように感じますが、本当のところはどうなっているのでしょうか。

この変化はどのように解釈すれば良いのか、また、その背後にはどのような要因があるのでしょうか。あるいは、変化だけではなく、金額や数量はどのくらいの水準なのでしょうか。

ひとつの数字が表われてくるまでにはさまざまなドラマがあり、その結果として出てくるものです。

そうした**背景を知り、読み取ることで、「いま」や「これから」の経済の姿がみえてきます。もちろん、「過去」も知ればより深く理解することができる**でしょう。

ここの「ピント」が合っていないと、ビジネスの方針や仕事のやり方に問題が生じかねません。本来攻めるべきタイミングで守りに固執して商機を逸《いっ》したり、逆に守るべき情報を得たときに無茶な攻めに出て大きな損失を被《こうむ》ってしまうこともあるのです。

仕事ができる人は、ひとつの数字から世の中の大きな流れを知り、ひとつの数字からビジネスのヒントをつかんでいくものです。

仕事ができる人はこの数字の読み方に鋭いのが特徴です。「あの人は数字に強い」と言われる人はこういう人なのです。

あるいは数字について、カンのいい人もいるでしょう。しかし、そのカンにおいても、それまでに培《つちか》われてきた経験値だったり、日々の観察力・勉強から生まれるものです。

また、経済にかかわる数字や統計には、それぞれが持つ〝クセ〟があります。

その〝クセ〟を押さえておくことで、数字や統計をどのように解釈すれば良いのか、あるいは利用する際にどのようなことに注意すべきなのかがみえてきます。このことを理解すると、数字や統計に一喜一憂せず、自らの考えで情報を捉《とら》えることができるようになるでしょう。

ビッグデータやＡＩ……**「数字が万能の世の中」になればなるほど、アナログで読み解く力が必要に**なってきます。

企業の成長も衰退も、売上高、前年比、投資額、株価などの数字をただ鵜呑《うの》みにしていては、その本当の姿を知ることはできません。同じ数字といっても、視点を変えればみえる姿も変わってきます。本書では、経済ニュース、世界情勢、足元の経済の動きを示す、さまざまなデータ、指標、数字を例にあげ、その読み方、傾向と対策について考えていきます。

本書は全10章から構成されていますが、どこから読んでも理解できるようになっています。

数字に関して「比較」「変化（流れ）」「大きさ」「統計」「探索」「錯覚（マジック）」「意外さ」「危険信号（アラート）」「ぼんやり」「未来」といった切り口で捉えてみました。ご自身の興味や関心のあるところからご自由に読み進めていただいて結構です。

この本は、「高校生でも分かりやすく」をコンセプトにまとめました。社会人が実社会の経済の基本をつかむのにも役立ち、数字に強い人材になることにつながるでしょう。また、ビジネスの最前線で活躍する方の論拠の源ともなり得ます。

帝国データバンクは、企業の信用調査を祖業として、1900年に創業しました。

それ以来、120年超にわたって企業の「過去」「現在」「未来」を1社1社、「現地現認」を行動指針として調査するなかで、経済の真の姿に迫ってきました。信用調査で得た企業データは、新規開拓やマーケティング、与信判断、経営リスク管理など、攻めの活用から守りの活用まで幅広い領域でお客さまの経営活動に役立てられています。

そうしたミクロ情報を基盤としつつ、さまざまなマクロ経済指標とともに経済動向を分析するチームが、日々私たちが目にする「数字」について解き明かしていく本書を、是非、今日からの仕事や生活に活かしていただき、これからのあなた自身、そして経済の発展につなげていただければ幸いです。

帝国データバンク 情報統括部

・おことわり――本書のデータは2024年3月現在のものです。データは日々更新されますが、その見方は基本的には変わりません。

CONTENTS

2章 数字の変化（流れ）をみる

——前年同月比、複利、日経平均株価、地価、成長性……

3章 数字の大きさをつかむ

——経常利益、売上高、サプライチェーン、商流圏、燃料価格……

4章 数字を統計としてみる

——経済波及効果、平均貯蓄額、未活用労働、フェイク情報……

5章　数字を探してみる

――国勢調査、DX投資、ビッグマック指数、為替レート……

6章 数字の錯覚（マジック）を見破る
——老後資金、名目賃金、可処分所得、社長輩出率……

7章

数字の意外さをみる

――インフレ、物価、家計支出、猛暑効果、タイパ、幸福度……

8章 数字を危険信号（アラート）としてみる
——バランスシート、粉飾決算、後継者不在率、倒産と休廃業……

9章 数字をぼんやりみてみる
——財政赤字、消費税率、マネーストック、ネットショッピング……

10章 数字から未来をみる

——経済予測、景気判断、72の法則、ジニ指数、美男美女税……

図版作成　株式会社デジカル

1章

数字を比較してみる

◉人口減少
◉社会保障負担
◉相対的貧困率
◉名目GDP
◉顧客満足度……

01 人口減少下の就業者数は増加？　減少？

「日本の総人口が１００年後に５０００万人を割る」。国立社会保障・人口問題研究所が２０２３年４月に発表したこの数字[1]が話題となりました。

総務省が発表した２０２３年10月１日の総人口は前年同月から59万５０００人減少し、１億２４３５万２０００人[2]となりましたが、１００年後には人口が現在の４割にまで減ってしまうということです。なかでも、15～64歳の人口を示す「生産年齢人口」は７３９５万人となり、30年前の１９９３年（８７０２万人）から15・０％も減少しました。

総人口と生産年齢人口が減少し続けているなか、職に就《つ》いている人を示す「就業者」の数は増加しているのでしょうか？　それとも減少しているでしょうか？

全体の人口の減少に比例して、就業者数も減少するのではと考えがちですが、実は

人口は減っても働く人は増えている

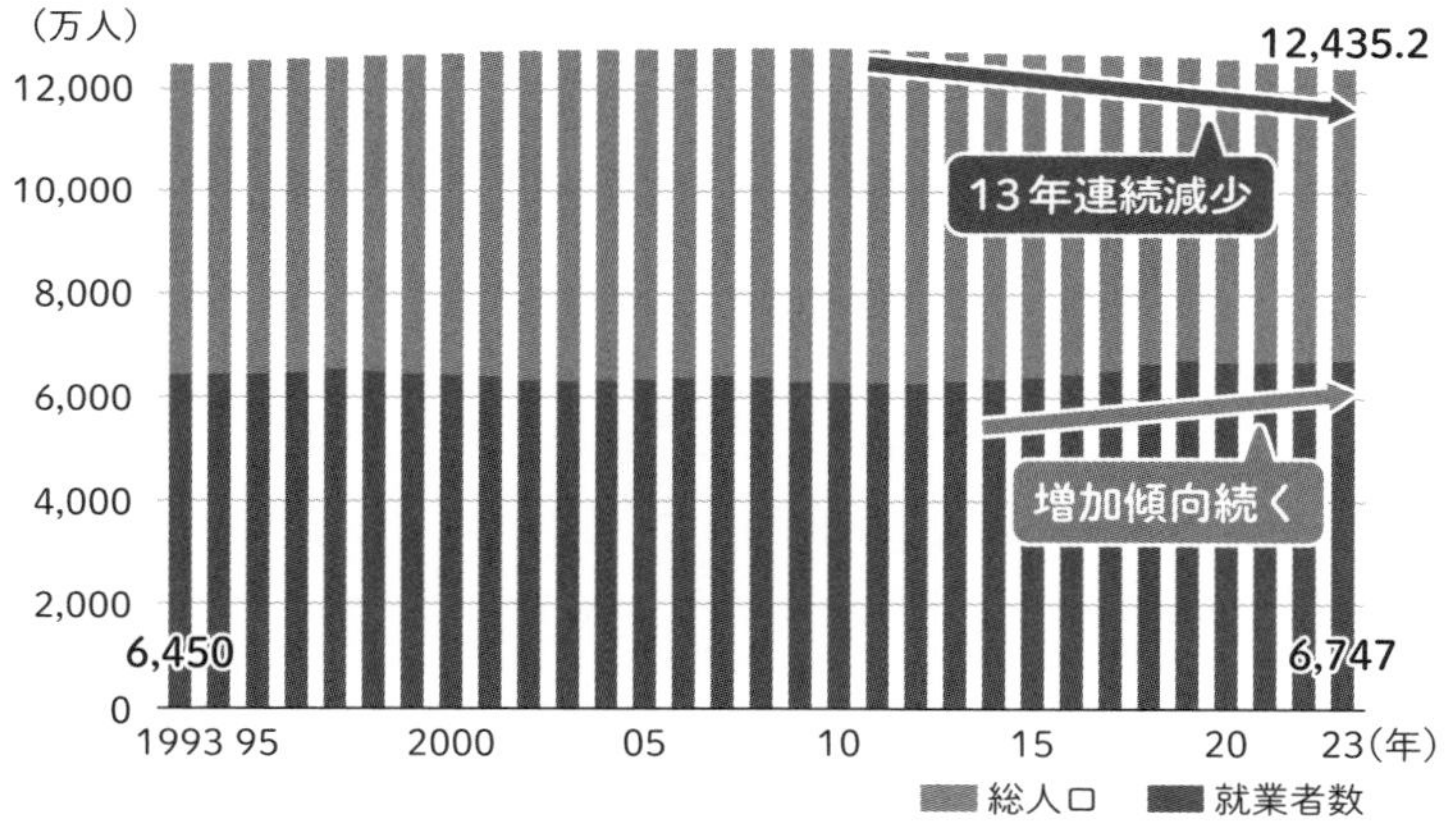

図表1-1-1　総人口と就業者数の変化

近年では増加傾向にあるのです。

総務省の発表によると、２０２３年の平均就業者数は前年から24万人増えて６７４７万人となりました。増加は３年連続でしたが、新型コロナウイルス禍の２０２０年を除けば、２０１３年以降は一貫して増加傾向にあります[3]。

また、１９９３年（６４５０万人）と比べると４・６％増加する結果となり、就業者と完全失業者の数の合計である「労働力人口」も同様な傾向がみられます（図表１―１―１）。

なぜこんな状況が起きているのでしょうか？　それには２つの大きな要因がありま

女性の「就業率」は増え続けているが……

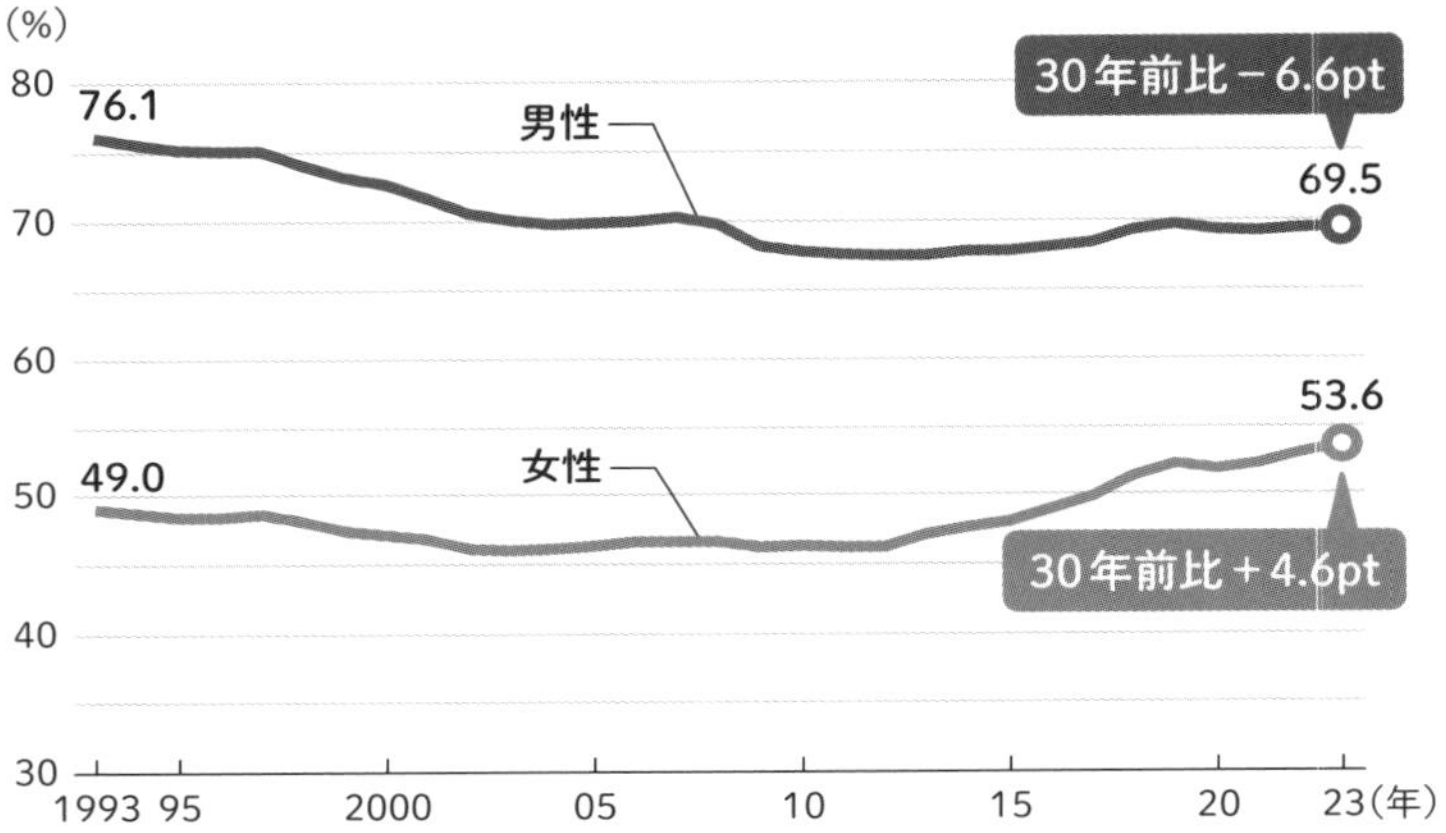

図表1-1-2　男女別就業率の推移

す。

1つ目は、これまで労働市場に参入していなかった専業主婦などの**「女性の労働参加の進展」**があげられます。

就業者の詳細データをみると、男性就業者の数は女性よりも多い状況に変わりはありませんが、男性就業者数はここ30年間で3・8％減少した一方、女性就業者数は16・9％増加しています。人口に占める就業者の割合を示す「就業率」をみても、男性は30年間で6・6ポイント低下したのに対し、女性は4・6ポイント上昇しました(図表1―1―2)。

2つ目は、**「高年齢者の労働参加の進展」**が考えられます。

年齢階級別の就業者数のデータをみると、「55～64歳」は1993年と比べて26・0％増加、「65歳以上」は同121・7％増加、つまり2倍以上に増えていました。

ただし、高齢社会により、これらの年齢階級の人口が増加しているため、就業者数が急増したことは容易に想像がつくことです。そこで、「就業率」に着目してみると、「65歳以上」の就業率は30年前から0・7ポイントの上昇にとどまっている一方、「55～64歳」の上昇幅は14・3ポイントと、すべての年齢階級のなかで最も大きいことが分かりました。その背景に、30年前の1993年は55歳定年が主流だったことがあげられます。その翌年に60歳未満の定年制が禁止され、さらに定年が60歳から65歳に引き上げられる時を経たことで、同年齢階級の就業率が上昇し続ける結果となりました。

働く人の数には「上昇の余地がある」？

このように、これまで労働市場に参加していなかった人材の就業は日本における労働力不足の深刻度を軽減させるカギとなり得ます。実際、女性の就業率は53・6％のほか、高齢者は25・2％と依然として3割にも満たず、「人生100年時代」を迎えつつある現状においては、今後も上昇していくことが期待できるでしょう。

ただし、合計特殊出生率が低下し続けるなかでは、上記2つの人材に頼ることにはいずれ限界がやってきます。そのため、外国人や障害者など、より多様な人材を活用する重要性はますます高まっていくと考えられます。

特に人材が豊富である外国人については注目度が高く、政府でも近年、外国人の誘致政策や企業に対する外国人雇用支援などさまざまな施策を強化しています。こうした政策に加えて、外国人労働者に関する規制の緩和など制度的な面の整備も大切でしょう。

これら人材確保はもちろんですが、今後の労働力不足に備えるための重要なカギは「生産性の向上」です。生産性を向上させるためには業務のデジタル化は欠かせない施策の一つと言えます。また、作業効率の向上のための従業員の育成や能力開発も重要です。

総人口が5000万人を下回る時代がきても、日本経済が回り続けるためには多岐にわたる備えの必要性がますます高まっていると言えるでしょう。

02
五公五民? 令和の年貢取り立ては?

2023年に入って間もなく、「五公五民」というワードがインターネット上で話題となりました。そのきっかけは、財務省が公表した2022年度の「国民負担率」が5割近くと、江戸時代の年貢率「五公五民」並みの重い負担であるといった見方が出ていたことです。

国民負担率とは、個人や企業が稼いだ所得に占める税金や社会保険料負担を示す割合です。最新の発表によると、2022年度の国民負担率(実績)は、48・4%となりました。また、2023年(実績見込み)は46・1%と2013年以降11年連続で40%を上回っています[1](図表1—2—1)。

物価の上昇に賃金が追いついていない状況が続くなか、税金や社会保険料の負担が増大すれば国民の生活はさらに苦しくなることが懸念されています。それが消費意欲

税金や社会保険料は、収入のほぼ50%に

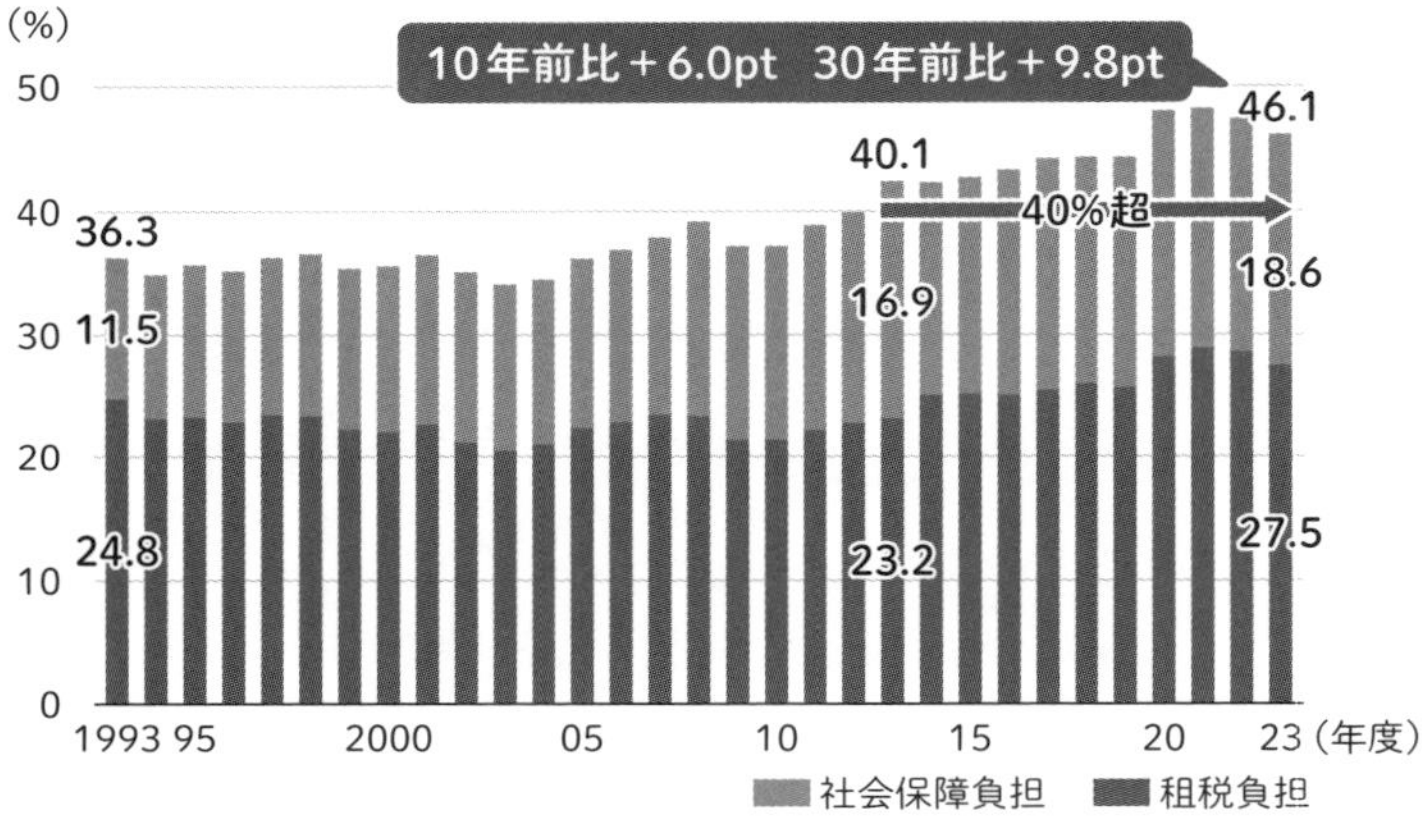

図表1-2-1　国民負担率の推移

の減退のほか、労働意欲の低下にもつながる可能性が高く、経済全体に影響を及ぼしかねないと言われています。

なぜ国民負担率はこれほどまで上昇したのでしょうか。国民負担率の推移をみると、２０２３年度は10年前の２０１３年度（40・１%）から６・０ポイント上昇しました。なかでも「社会保障負担」（18・６%）の部分は１・７ポイントの上昇だった一方、「租税負担」（27・５%）は４・３ポイント上昇しており、税負担の上昇幅の方が大きくなりました。その主な要因は２０１４年における消費税率８%への引き上げがあげられます。

より長い期間で数字を眺《なが》めてみると、２

023年度の国民負担率は30年前（1993年度）の36・3％から9・8ポイント上昇しました。しかし、前述した10年間の場合とは違い「租税負担」は2・7ポイント程度の上昇だったのに対して、**「社会保障負担」は7・1ポイント上昇していました。実に税負担の2倍以上にのぼっていたのです。**その背景には、高齢化による年金・医療などの社会保障負担がこの期間じわじわと増大し続けていたことが考えられます。

日本人は「取られすぎ」なのか？

さて、年々上昇傾向にある日本の国民負担率ですが、諸外国と比べて高いのでしょうか？　それとも低いのでしょうか？

財務省がまとめたOECD（経済協力開発機構）の統計における日本の国民負担率は、高福祉国家が多いヨーロッパの国々よりも低く、北米・南米よりも高い傾向にあり、OECD加盟36カ国中22番目の高さとなっています。加盟国のなかでは高齢者の割合が最も高い日本[2]でありますが、全体的にみると国民負担率は高水準とは言えず、G7のなかではアメリカ、イギリス、カナダに次ぐ4番目に低い結果となっています。

しかし、低調な出生率が継続し、高齢化が進む日本の現状から考えると、国民負担率はますます上昇する可能性が高いと言えます。

ただし、国民負担率の上昇は必ずしも経済に悪影響を及ぼすとは限りません。なぜなら、国民が支払った税金や社会保険料などは社会保障や教育の整備、社会インフラなど公的サービスに還元されるからです。そのため、重要なのは国民負担率の高さではなく、国民負担に見合った還元となる「受益（給付）」があるかどうかではないでしょうか。社会保障における受益が現代と比べて低い江戸時代の制度である「五公五民」と令和時代の国民負担率を比較するのは不適当であるといった声が聞かれますが、これはまさにこの視点に基づいた見解です。

では、日本国民は社会保障における受益に見合った負担をしているのでしょうか。

財務省が公表した社会保障に関する資料[3]では、OECD各国の社会保障における「負担」と「受益」の関係がまとめられています。「負担」の指標として「国民負担率（対GDP比）」が使われ、「受益」の指標として「一般政府の社会保障支出（対GDP比）」が用いられました。日本のデータは2015年までの実績値ですが、2つの指標は過去60年間で年々増加しています。しかし、近年では国民負担率はさほど上昇していない一方で、「受益」である社会保障支出は急速に上昇していました。また、2015年時点の国民負担率はOECD諸国の下位3分の1に属している一方で、社会保障支出の位置は中位3分の1に位置しています。

そのため財務省は、各国と比べて日本は「低負担、中福祉」だと指摘しています。つまり、日本の国民負担は国民が社会保障における受益に見合った、ないしはそれを下回る負担にとどまっていると言えます。

そうであるにもかかわらず、**国民負担率の上昇で不満や不安の声があがっているのは、税金や社会保険料による受益感が少ないからだと考えられます。**少子高齢化に歯止めがかからず国民負担率の上昇傾向が続くなか、今後は「五公五民よりひどい」といった声があがってくる可能性は十分にあります。そのため、まず政府に求められるのは税金や社会保険料の使い道をもっと見える化して、国民がその恩恵をより感じられるようにすることです。ただし、そもそも支出が効果的でなければ、いくら見える化しても意味はありません。政府はEBPM(Evidence Based Policy Making:証拠に基づく政策立案)を実践し、より効果的な政府支出を徹底的に強化することも欠かせないでしょう。

03

○人に一人が貧困層!?
○人に一人が富裕層

2023年後半、日本の「相対的貧困率」が先進国で最悪の水準であることが報道され、話題となりました。

相対的貧困率とは、等価可処分所得（世帯の年間可処分所得を世帯人員で調整したもの）の中央値の半分にあたる「貧困線」に満たない世帯員の割合を指します。生活に最低限必要なものを買えるだけの年収に達していない「絶対的貧困」とは異なり、相対的貧困は社会の大多数よりも貧しい状態にある人を示しています。

同年7月に厚生労働省が発表した「2022（令和4）年国民生活基礎調査」によると、直近の貧困線である年収127万円に届かない世帯員の割合、いわゆる相対的貧困率は15・4%となりました。つまり**日本国民全体では6・5人に1人が貧困層なのです。**この数字がOECD諸国と比べて高い水準にあり、ワースト10にランクインしていることが今回の報道のきっかけとなりました[1]。なかでも、近年貧困率の高さが問題視されている韓国の2012年における貧困率は18・3%と、OECDのなかでもかなり高い水準でしたが、直近2021年には15・1%に改善し、日本（15・4%）よりも低くなりました。日本における2012年の数字は16・1%であり、この約10年で若干の改善がみられますが、改善幅が比較的小さいことが見て取れます。

日本の相対的貧困率の内訳をみると、「子ども」（17歳以下）の相対的貧困率は11・5%、「子どもがいる現役世帯」は10・6%と、いずれも年々改善傾向にあり、直近では全体より低くなっています。しかし、そのうちの母子世帯など「子どもがいて大人が一人世帯」の世帯員では割合が44・5%にのぼる厳しい結果となりました。年収127万円以下ということは、月約10万円の収入にとどまるということになりますが、それが一人親世帯員の半分近くいるのは驚かずにはいられません。

ほかにも、「高齢者」（66歳以上）の相対的貧困率は20・0%であり、一人親世帯員ほど割合は高くないものの全体の15・4%を5ポイント近く上回っています（直近は2018年のデータ）。働きづらい、もしくは働けない層で貧困率が比較的高いことが分かります。

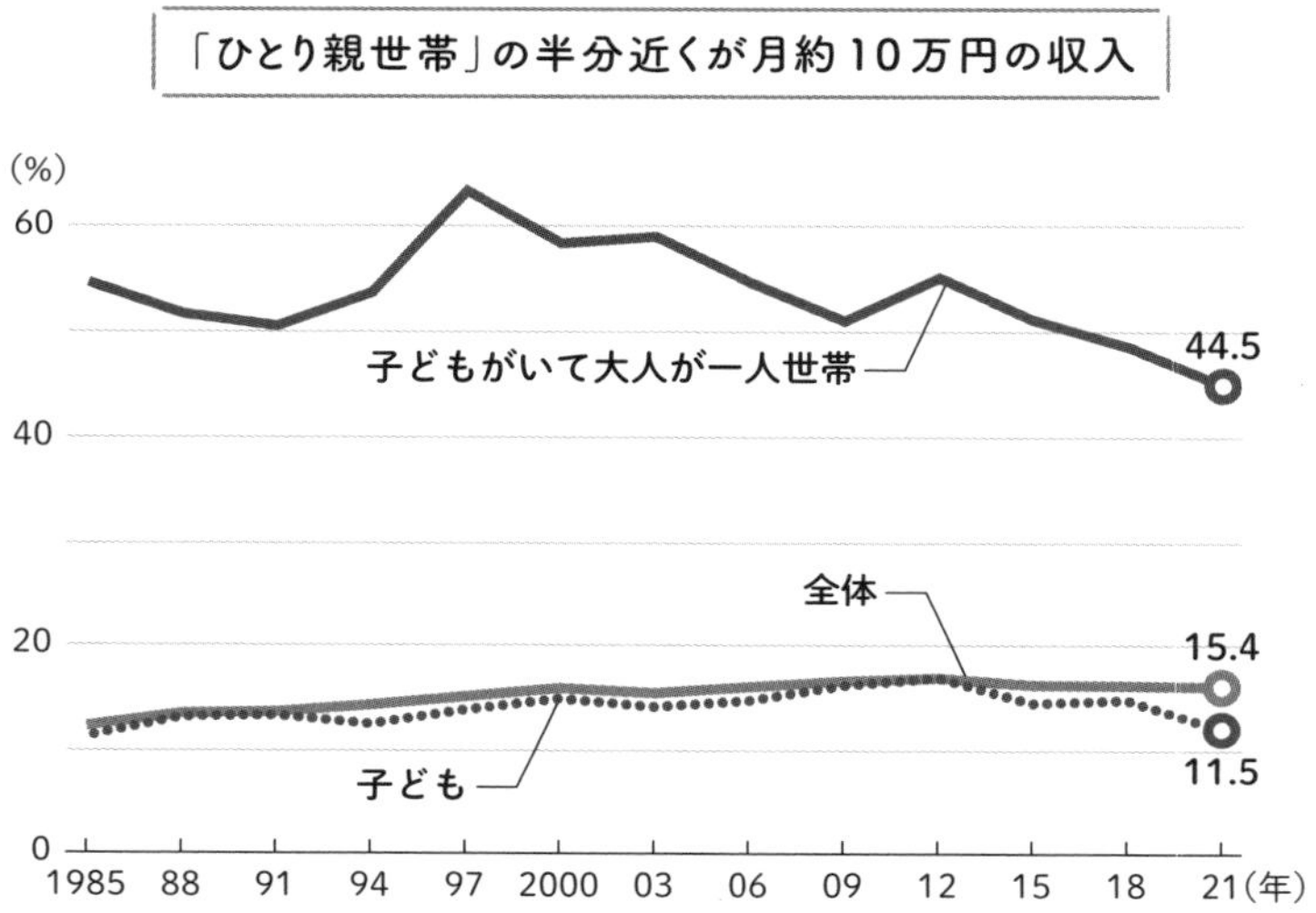

図表1-3-1　日本における相対的貧困率の推移

貧富の格差は「小さいが小さくない」?

ここまで日本における貧困層の現状について述べてきました。それでは、その対極にある「富裕層」はどの程度存在しているのでしょうか。

新型コロナの感染拡大とその感染対策の影響で各国の経済活動が停滞し、非常に広い範囲で影響がみられました。しかし、そうしたなかでも経済の低迷に対応する各国の財政出動や金融緩和措置により、富裕層の保有資産の価値が大きく上昇し、「富裕層」と「貧困層」の格差が広がったと言われています。

所得でみる富裕層と貧困層の格差——それでも日本は世界より小さい

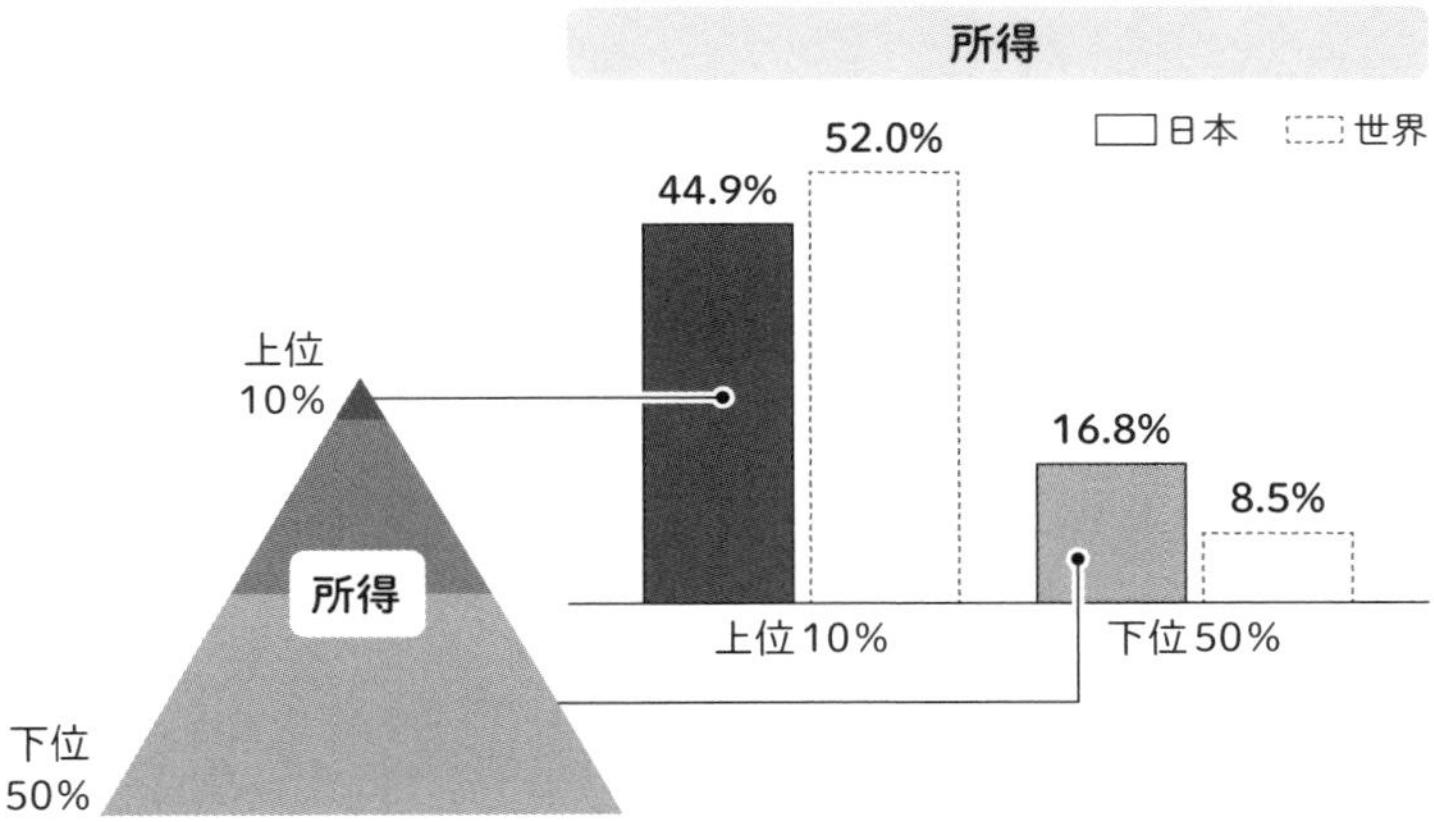

図表1-3-2　全体に占める所得割合～所得階級別～

「富裕層」の決まった定義はありませんが、例えば、フランスの経済学者トマ・ピケティらが運営する「世界不平等研究所」が発表した「World Inequality Report 2022」[2]では、特定の地域の「所得上位10％」や「所得上位1％」を富裕層・超富裕層としています。同レポートによれば日本は「所得上位10％」に属する人の所得が国全体の所得の44・9％、「所得上位1％」では13・1％を占めています。一方で、「所得下位50％」は全体の16・8％にとどまります。

また、資産の保有割合をみると、日本では「所得上位10％」の人の資産が全体の57・8％を占めています。

年間給与額800万円超の人が
国全体の6割近くの富を持っている

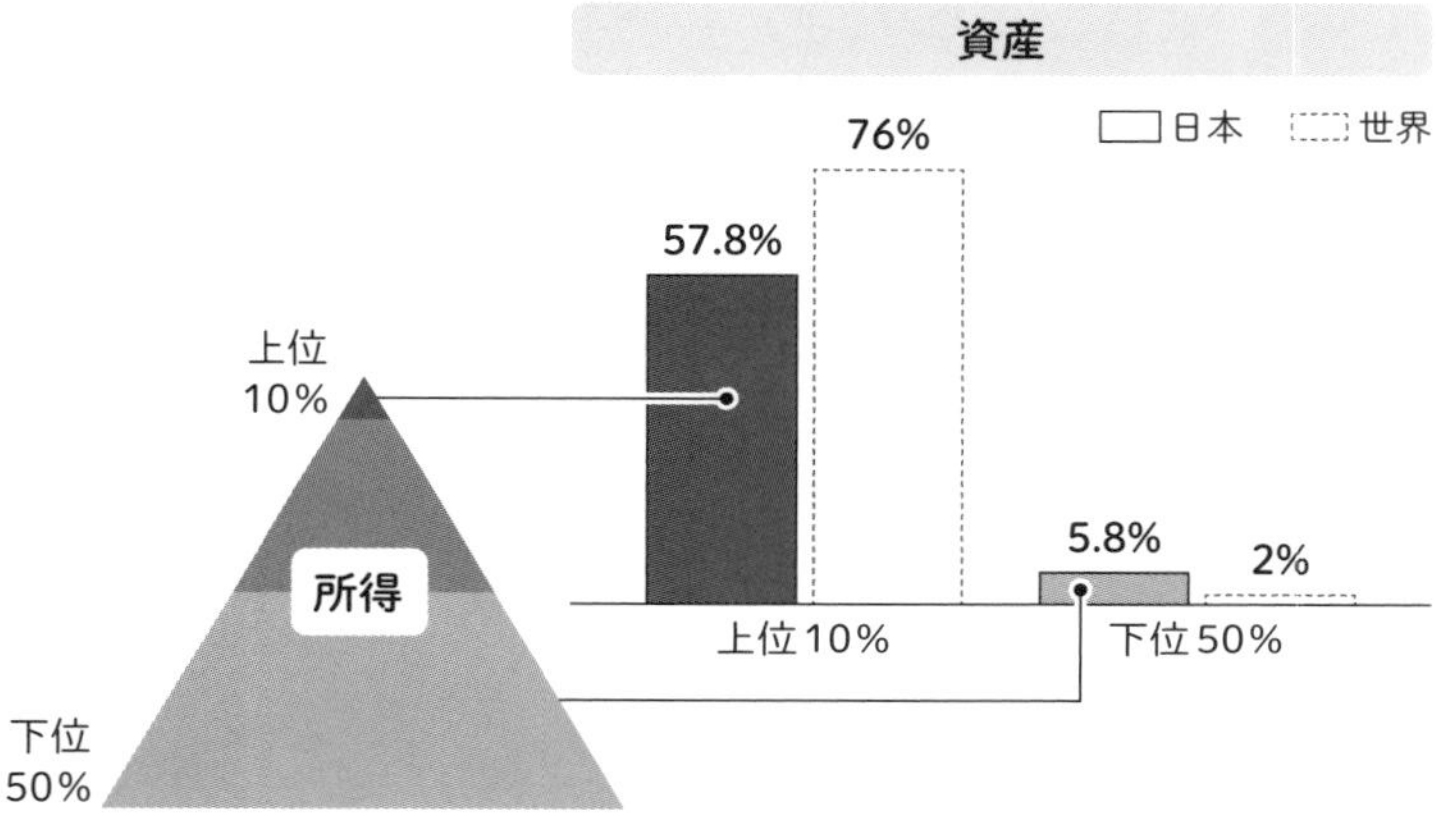

図表1-3-3　全体に占める保有資産の割合～所得階級別～

国税庁が公表している「民間給与実態統計調査（令和４年分）」を確認すると、日本のトップ10％の所得者に当たるのは、年間給与額が８００万円を超える給与所得者であり、全体の平均給与の４５８万円より３００万円以上を稼いでいる人になります。一年を通じて勤務した給与所得者は約５０７８万人いますが、そのトップ10％、つまりたった５００万人の人が国全体の６割近くの富を持っているということが同レポートで示されているのです。一方で、「所得下位50％」に属する人の資産は全体の５・８％しかないという結果です。

日本における所得と保有資産の状況でみると貧富の格差が大きく感じられますが、

世界と比べるとどうなっているでしょうか。

まず、世界全体の所得の割合についてみると、「所得上位10％」の人で全体の52・0％を占め、その割合は日本より約7ポイント高くなっています。他方、「所得下位50％」は8・5％と日本の約2分の1にとどまっています（図表1―3―2）。

また保有資産について、「所得上位10％」は76％で日本を20ポイント近く上回り、「所得下位50％」は2％と日本より低くなっています（図表1―3―3）。

このように、**日本における富裕層とその他の層との格差は世界に比べて小さいとみられます。**しかし、絶対額をみれば決して格差は小さいとは言えないでしょう。同レポートでも「日本の富の分配は、西ヨーロッパ各国ほどではないが非常に不平等である」と指摘しています。「日本における貧困率が先進国で最悪」と聞いて驚く人は少なくないでしょう。貧困、すなわち食べるものがない人たちなど「絶対的貧困」に陥る人を想像しがちだからです。今回の「相対的貧困率」に関する報道をきっかけとして、日本には生きる上で必要最低限の「衣食住」を持っているものの、生活に苦しんでいる人は多くいるという問題、そして国内の経済格差について再確認することにつながったのではないでしょうか。

04

日本のGDPは世界で何番目?

２０２３年10月、日本の名目国内総生産（ＧＤＰ）の世界ランキングが13年ぶりに転落するというニュースが飛び込んできました。

２０２２年時点の日本の名目ＧＤＰはアメリカ、中国に次ぐ世界第3位でした。これまでのランキング推移をみると、日本は１９６８年から２００９年までの42年間で世界第2位の位置にありました。その後、２０１０年には著しい成長を遂げる中国に抜かれて、3位に転落。それから13年の間、日本は「世界第3位の経済大国」と言われてきましたが、**ＩＭＦ（国際通貨基金）の予測[1]で、２０２３年の名目ＧＤＰはドイツに抜かれて、第4位に転落する見通しとなりました。**

近年、主要先進国の経済が伸び悩んでいますが、ドイツも例外ではありません。それなのになぜ日本の名目ＧＤＰはドイツに抜かれてしまうのでしょうか。

それには2つの大きな要因があげられています。

1つ目は昨今の記録的な円安・ドル高にともない、ドル換算の名目GDPが減少したことです。2023年の名目GDPの予測値をみると、ドイツは前年比8・4%増の4兆4298億ドルだった一方、日本は同0・2%減の4兆2309億ドルでした（図表1―4―1）。しかし、ドルに換算せずそれぞれの通貨で前年からの変化率をみると、ドイツは5・0%の増加でしたが、日本はそれを上回る5・6%増と大小が逆転していました。この結果から、円安・ドル高の影響はかなり大きいと言えるでしょう。

2つ目はドイツの物価が急激に上昇したことです。IMFの見通しでは、2023年の日本の消費者物価上昇率（平均）は前年比3・2%と、約30年ぶりの高さになりますが、ドイツは同6・3%と日本の約2倍にのぼる見込みなのです。

名目GDPはこのような要因によって左右されやすい指標です。GDPとは、その国・地域において一定期間に生み出された付加価値額の総計ですが、名目GDPはその時点の市場価格で計測した値になるため、価格・物価の変動による影響を受けてしまいます。モノの価格が上昇しているだけで、取引量は変わっていない、もしくは減少している可能性もあるため、名目GDPだけでみると、高インフレであるドイツの

日本のGDPは2026年にはインドにも抜かれる?

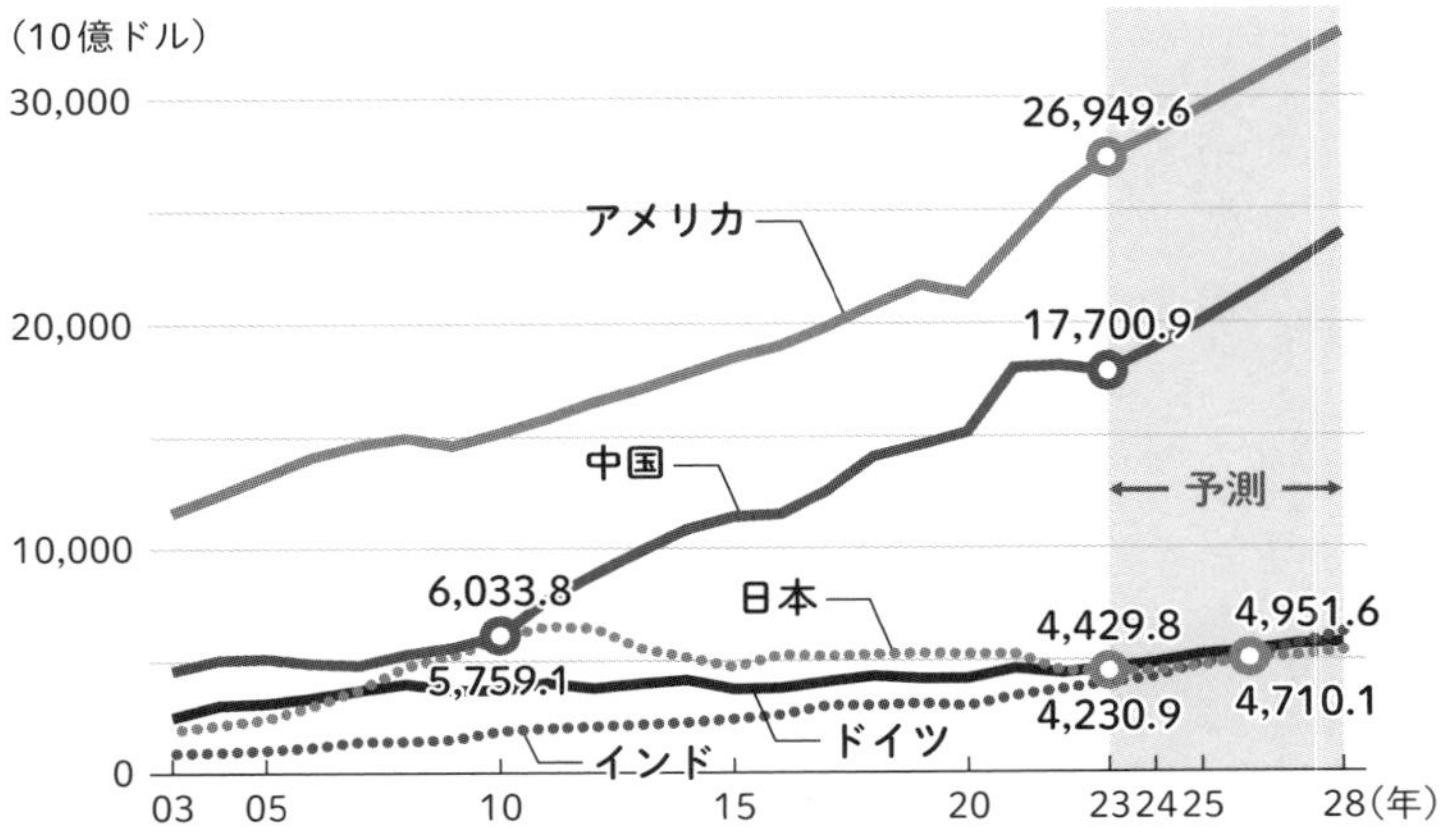

図表1-4-1　各国のドル建て名目GDPの推移(2003年～2028年見通し)

経済が日本よりも成長したかを判断するのは難しいです。この場合、名目額から物価の影響を取り除いた「実質GDP」が使われます。ニュースなどで「今年のGDP成長率は〇〇%」といった場合に報道されるGDPは、基本的にこの実質GDPを指すのです。したがって、**「名目GDP」はある時点の経済規模を把握するのに適する一方、「実質GDP」は各時点間の経済成長の度合いをみる際に使われる指標と言えるでしょう。**実際、2023年の日本とドイツの実質GDPの成長率をみると、日本は前年比2・0%増、ドイツは同0・5%減と、ドル建て名目GDPの変化率と異なる結果になります。

さらに、経済規模を国際比較する場合は、市場為替レートでドル換算する名目GDPではなく、各国間の物価水準の違いを取り除く「購買力平価《へいか》（PPP）」[2]で測った名目GDP」が適しているといった見解もあります。PPPで換算した2023年における日本とドイツの名目GDPを比較すると、ドイツは5兆5380億ドルの見通しである一方、日本は6兆4952億ドルとまたしても日本が上回ります。しかし、PPP換算の場合、順位が入れ替わるのは日本とドイツだけでなく、中国が1位、アメリカが2位に入れ替わるほか、インドが3位に上がり、日本（4位）とドイツ（5位）が続く形となります。

日本の「生活水準」は低いのか？

さて、順位が変わりつつも経済大国であることに変わりはない日本ですが、国民の生活水準を表わすGDPを人口で割った「一人当たりGDP」の順位もみておきましょう。

IMFの同データベースでは2022年の日本の一人当たりGDP（名目、ドル建て）は世界第32位の3万3854ドルでしたが、2023年（3万3950ドル）は第34位に下落すると予測されています。PPP換算でみても、2022年と2023年の日本はいずれも36位で、高い水準とは言えません。

日本の経済規模を示すGDPは世界トップクラスであるにもかかわらず、なぜ一人当たりGDPとなると、このような水準になってしまうのでしょうか。

2023年の一人当たりGDP（名目、ドル建て）の世界ランキングをみてみると、トップはルクセンブルク、次いでアイルランド、スイスが続きます。これらの国を含め上位にランクインしている多くの国の共通点の一つは、人口が比較的少ないところです。なかでも、ルクセンブルクやスイスは労働人口に占める越境労働者の割合が大きく、多くの付加価値を生み出している割に人口が少ないためGDPを一人当たりに換算すると値が大きくなってくるのです。逆に、名目GDPが世界第2位の中国の一人当たりGDPは第75位でした。

この点を考えれば、日本の一人当たりGDPの順位が上位でない一因は人口の多さと言えそうです。

しかし、一人当たりGDPが上位の国のなかには、人口が少ないなかで有力な金融機関の集積地である国や、競争力が高い国、IT導入などによる効率化で生産性が高い国がみられます。加えて、人口が日本の2倍以上であるアメリカの一人当たりGDPの順位は第7位と高順位であることも考えると、人口の多さではなく、根本的な原因は生産性の問題などほかにもあると言えるかもしれません。

このように、各種GDPはその国・地域の特徴やその時の経済環境などによって傾向が全く異なるものになり得ます。特に国際比較をする場合は、一つの視点にしぼらずに、さまざまな視点から分析することが必要と言えます。

今回、日本の経済規模の位置付けが低下したのは一時的とみられる要因によって起こったと考えられます。しかし、実質GDPの成長率をみると、日本が長い間高い成長を遂げていない状況は確かであり、それも一つの要因ではないでしょうか。実際、同じ**IMFの予測では、日本は2026年に年々著しい成長をみせているインドにも抜かれて、第5位になる見通しとなっています**（図表1―4―1）。日本の経済成長率が高まらなければ、今後はこういった新興各国にも抜かれていくでしょう。

日本が国際的地位を保つためにも、生産性の向上やイノベーション、競争力向上につながる施策など中長期的に経済成長を高める対策が求められています。

05

「割合」を単純比較することの危険性

――ある会社が法人契約獲得を目的に2000通のダイレクトメール（DM）を送付した結果、50社から資料の請求があり、資料請求率は2・5％だった。その後、DMのデザインを改良し、同じ地域の別の法人3000社に送付したところ、資料請求率は3・3％となった――

このデータをみてすぐに「デザインを改良した後のDMの方が資料請求率が高く、マーケティングの効果がより出ている」と結論を出して良いでしょうか。

答えは「良くない」です。この差はたまたま偶然によるもので、デザインを変えても効果は得られない可能性があるからです。

効果的なDM戦略を図るためには、統計学を活用し、2パターンのDMによる効果の差が偶然による差なのか、それとも意味のある差（有意差）なのかを調べる必要があります。

このような2つのグループにおける割合の差を検定するためには「母比率の差の検定」が有効です。具体的な検定方法は割愛しますが、同事例では、有意水準5％において、2パターンのDMにおける資料請求率に有意な差はないのです。

また、送付したすべてのDMの資料請求率は3％となり、デザイン改良後（3・3％）の方が若干高いようにみえますが、こちらも誤差によるものの可能性があり、前述した母比率の差の検定を行うことが必要になります。この場合は比較対象が前述したような「一部」と「一部」ではなく、「一部」と「全体」になるため、前記とは検定の方法が少し違ってきますが、検定の結果、有意水準5％において全体のDMとデザイン改良後のDMの資料請求率に有意な差はみられませんでした。

「割合」の比較に関するほかの事例もみていきましょう。

あるリラクゼーション・整体チェーン店で、2つの店舗における2種類のサービスに対する「顧客満足度調査」が行われたとします。図表1―5―1にあるように、全体の結果で比較すると、「店舗B」の方が「店舗A」より「満足」とした顧客の割合が高いことが分かります。それぞれの割合を前述した方法で検定し、割合に有意な差があることを示すことができれば「店舗B」の方が優れたサービスを提供していることが一見考えられるのではないでしょうか。

しかし、割合を「サービス1」と「サービス2」に分割してそれぞれを比べてみると、どちらも「店舗A」の方が「満足」とした割合が高くなるという、全く逆の結果になるのです。

データの「全体」をみるか、「部分」をみるかによって傾向が全く異なるこの現象は「シンプソンのパラドックス」と言います。では、なぜこのようなことが起こっているのでしょうか。

主に2つの要因が考えられます。

1つ目は、各サービスにおける満足度に違いがみられること、そして2つ目は、各店舗における各サービスを受けた顧客の比率が大きく異なることです。

「満足」とした割合を店舗関係なくサービスで括《くく》ってみると、どちらの店舗も「サービス1」の方が低い結果となっています。「店舗A」はそのような満足度を得にくい「サービス1」を中心に提供した（注文された）一方、「店舗B」は主に満足度を得や

なぜ、店舗Aは個別のサービスでは店舗Bより満足度が高くても、全体だと負けるのか

	全体	サービス1	サービス2
店舗A	63% （63人／100人）	60% （42人／70人）	70% （21人／30人）
店舗B	65% （65人／100人）	56% （14人／25人）	68% （51人／75人）

図表1-5-1　各店舗・サービスにおける「満足」とした顧客割合
～「シンプソンのパラドックス」の事例～

すい「サービス2」を行っていました。そのため、サービス別にみると「店舗A」の方が満足とした割合が高いのにもかかわらず、全体でみると「サービス2」の提供人数が多い「店舗B」が勝る結果となったのです。

　もし商品別に分割せず、全体のデータしかみなければ、「サービス1」の内容に問題があることに気づかず、「店舗B」の技術や顧客対応などがより優れているという結論だけが付けられてしまったと考えられます。このように、特にグループやセグメントに分けられているデータについては、「部分」または「全体」をみるだけで結論を付けずに、それぞれに違いはないかを注意してみる必要があると言えます。

ワクチンをうった人の何%が感染したか?

最後にこちらの事例をみてみましょう。

ある感染症が流行《はや》り、人口1000人の自治体Aにおける感染者数は100人にのぼったとします。この100人のうちの60人、つまり60%が同感染症のワクチンを接種した一方、その残りの40%は未接種者という内容がニュースなどで報道されると、ワクチンの効果はあまりないのでは、と解釈されてしまう可能性が高いです。しかし、実は人口1000人のうちワクチン接種者は800人と、全体の80%にものぼっています。そもそもワクチン接種者の数がより多いため、その分サンプルである「感染者」にそのような人がより多く入ってしまうことがこのような結果を導いたのです。

この場合、**接種者800人のうちの感染者の割合(7・5%)と未接種者200人のうちの感染者の割合(20%)を比較した方が、ワクチンの効果について正しく解釈できると言えるでしょう。**

実はこういった統計データの報道の仕方は、新型コロナ禍において日本を含め各国で実際にみられたものです。ビジネス上だけでなく、このように日常生活においても「割合」を含めさまざまな数字が飛び交《か》っています。正しい情報を得て、そして正しい情報を発信していくためには、ただ単に数字の大小を比べて即座に結論を出すのではなく、その差が偶然によるものかどうかを調べることや、実数の確認、データの全体像の把握など、さまざまな視点からデータを眺めることが非常に重要と言えるでしょう。

1章　註釈

1-1　国立社会保障・人口問題研究所、「日本の将来推計人口（令和5年推計）」

1-2　総務省、「人口推計」

1-3　総務省、「労働力調査」

2-1　財務省、「令和6年度の国民負担率」

2-2　OECD、Elderly population

2-3　財務省　財政制度分科会、「社会保障（参考資料）」（令和4年11月7日開催）

3-1　OECD、「貧困率（Poverty rate）」より。各国の最新データであり、半数超の国は2021年のデータ。日本のデータは2018年であるため、ここでは厚生労働省が発表した数字を使用

3-2　World Inequality Lab, World Inequality Report 2022

4-1　IMF、World Economic Outlook, October 2023

4-2　購買力平価とは、異なる国・地域における同一の商品またはサービスの金額を異なる通貨間でそれぞれ等しい価値をもつと考えて決められる交換比率である。例えば、ハンバーガー1個の価格が日本で100円、アメリカで1ドルであれば、購買力平価は1ドル=100円となる

2章

数字の変化（流れ）をみる

◉前年同月比

◉複利

◉日経平均株価

◉地価

◉成長性……

01

その数字、前年同月比で大丈夫ですか？

前年同月比（ＹｏＹ）は、特定の月の結果を前年の同じ月と比較する指標であり、ビジネスや経済の変化を把握する際にしばしば利用されます。一方で、前月比（ＭｏＭ）は、直近の月の結果を前月と比較する指標で、短期的な変動やトレンドを把握するのに役立ちます。

新型コロナウイルスの世界的な影響が続いていましたが、２０２０年後半以降、日本の景気は急激な落ち込みから回復に向かっていました。執筆時点での最新２０２４年３月の景況感を表わす景気ＤＩは44・４となり、３カ月ぶりに改善しています[1]。これは前の月と比較した結果ですが、前年同月と比較すると15カ月連続の改善となっていました。

この違いはどこから来るのでしょうか。さらに、新型コロナウイルスの影響を大きく受けていた2020年から2023年前半まで、前年同月との比較では大きくぶれることもしばしばみられました。

このような場合、その変化が本当に正しいのか、それともたまたま新型コロナの影響を受け急変しているのか、判断が難しいケースが出てきます。この点はほかの経済指標をみるときも同様です。これが本当に3月の経済実態を表わしているのか、あるいは前の年と比較することが本当に正しいのか、改めて検討する必要があるでしょう。

こうした新型コロナ・ショックを受けて、さまざまな公的統計などにおいても、**従来のような前年同月比や前月比だけでなく、新型コロナが拡大する前の2019年と比較して現在の状態をみていこうとする統計も公表されるようになっています。**これはまさに、前年同月と比べるだけでは、実態がみえてこないという多くの方の認識が現われた結果であると考えられます。

とはいえ、前年同月や前月と現在を比べてみることには、さまざまなメリットがあります。

そこでまずは、前年同月比で数字をみる時の、その利点と落とし穴について考えていきましょう。メリットについて2点あげることができます。

1つ目として、季節的な要因を排除できるというのが大きなメリットです。季節変動が大きい業種や製品において、前年同月比は季節の影響を除外してみることができます。例えば、企業の売上高は、決算月に最後の追い込みとしてさまざまなキャンペーンなどを実施することで、前の月と比べると大幅に増加することがあり、前の月と比べて非常に減少していると受け取ってしまうと、状況を見誤ることになりかねません。この場合は前年同月と比較することで実際の状況を把握すべきなのです。

2つ目のメリットは、前年同月比をみていくと、長期的な傾向を示すことができる点です。前年同月比は1年前との比較になるので、より長期的な変動や成長の傾向を分かりやすく捉えられるのです。例えば、前の月と比べて売上高が下がっていたとしても、前年の同じ月と比べて売上高が増加しているのであれば、その違いは月の違いによって生じていると解釈することができます。あるいは、年間の伸び率を簡略にみたい場合には、前年同月比の伸び率を平均することで、年間平均の伸び率に近似することができます。これは、前年同月比で数字をみるときの意外なメリットと言えるかもしれません。

「前年同月比」「前月比」のニュースをどう読む？

例

リップクリーム　平均価格、前年同月比１割高

経常黒字、7月2.7兆円
前年同月比3.1倍　資源高が一服

7月313億円、前年同月比3.1倍
中途求人倍率4月2.66倍　前月比0.11ポイント低下

米住宅価格、0.7％上昇　5月前月比　市場予想上回る

図表2-1-1

一方で、前年同月比をみるときの注意点もあります。

例えば、業種や地域による影響を比較したい時、それぞれで季節変動のパターンが異なるため、一概に比較することが難しい点です。

２つ目の注意点としては、特殊な事情を反映できないことです。例えば、前の年に自然災害や大規模なイベントがあった場合、比較した結果が歪《ゆが》んでしまう可能性があるからです。

３つ目の注意点としては、基準となる年の選択の問題が出てきます。基準とする時期をいつにするかによって結果が変わるため、基準時点は慎重に検討すべきでしょう。

いまと「いつ」を比べるのがいいか?

それでは前年同月比と前月比は、どのように使い分けていけば良いのでしょうか。

これまでみてきたように、前年同月比には長期的な変化の評価や、季節変動が除外できることなどのメリットがあります。また、長期的なトレンドや成長率などを評価するのに適しています。さらに季節による変動が大きい場合には、同じ月同士を比較することで季節変動を除外できることも、前年同月比のメリットでした。

では、前月比はどのようなときに使うと良いのでしょうか。まず前月比のメリットをみていきましょう。1つ目のメリットとして、短期的な変動を把握するときに有用です。2つ目には速《すみ》やかな対応が必要となるときに、短期的な勢いを前月比の数字から判断できることも大きなメリットと言えるでしょう。

また、さまざまな経済データから、季節的な変動要因を取り除いてデータを加工することも可能です。

この加工したデータは季節調整値と呼ばれます。**季節調整値を作成する方法は数多**

くありますが、共通しているのは、もとのデータから季節性を表わす季節要因、トレンドを表わす循環要因、そしてその両者からは説明できないかく乱要因（いわゆるノイズ）に分解して考えていることです。このような考え方は、さまざまな季節調整法の基本となるものです。経済データをこのようにして作成した季節調整値では、前月と比較することが可能となるのです。したがって、まさに直近の瞬間風速としての勢いをみることができるようになります。この季節調整値についても同時に覚えておくと良いでしょう。

前年同月比と前月比を使い分ける際には、分析対象や目的に合わせてどちらの比較を行うのがより適しているのか、しっかりと検討することが重要です。季節変動があまりないデータの場合には前月比でみることが有効かもしれません。一方で季節効果が大きい場合は、前年同月比の方が適しているかもしれません。さらに、本当に前年や前月だけで良いのか、さまざまな角度からデータをみていくことが大切です。

02

前年比5％減少、10年続くと4割も減っている

今回のテーマは「前年比5％減少、10年続くと4割も減っている」です。**たとえ小さな変化であっても、それが長い間続くと大きな変化となって表われてきます。**ここではちょっと視点を変えて、時間と貯金の観点から考えてみましょう。

〝貯金額が前年比5％減少〟と書かれていれば、前の年と比べて貯金額が5％減ったという意味であることは、すぐに分かりますね。しかし貯金が減ると、将来のお金の使い方や困った時の心強さが減ってしまいます。

さて、「前年比5％減少」が10年続くと4割も減っている、とはどういうことでしょうか。もし10年間、毎年5％ずつ貯金が減っていったら、その影響はどれくらい大きいか気になります。計算してみましょう。

100あった貯金も「毎年5％ずつ減る」と10年後には約60に！

経過年	貯金額
当初	100
1年目	95
2年目	90.25
3年目	85.7375
4年目	81.4506
5年目	77.3781

経過年	貯金額
6年目	73.5092
7年目	69.8337
8年目	66.3420
9年目	63.0249
10年目	59.8737

図表2-2-1　経過年と貯金額

・当初100あった貯金から、1年間で5％減少→残り95
・2年目はまた5％減少→前年の貯金残高95の5％減→残り90・25
・3年目はまた5％減少→前年の貯金残高90・25の5％減→残り85・7375

このように続けていくと、10年後には約60にまで減ってしまうのです（図表2－2－1）。時間というのは、私たちに気づかうことなく絶えず進んでいきます。同じ金額を保有していても、時間の経過とともにお金の価値は変わっていきます。お金の価値は、インフレ時には低下し、デフレ時には上昇しています。そして、お金は使うたびに減っていくものです。ボーッとしていると、何気ない出費や無計画な使い方をしてしまうことが増えていきます。例えば、コンビニやスーパーなどでの予定にないちょっとした買い物や、よく吟味せずに加入していたサービスの料金などがそれにあたります。これらは小さな出費の積み重ねですが、それが長期間にわたると大きな金額になることを意味しています。

「お金と時間の関係」を活かすには?

ところで、お金、つまり貨幣とは何か、改めて考えてみましょう。貨幣とは、すぐに取引に使うことができる金融資産、と定義することができます。主に、現金通貨と預金から構成されますが、現金は政府が発行する硬貨と日本銀行が発行する紙幣のことです。

預金は、普通預金などATMですぐに現金化できる預金を指しています。貨幣には次の3つの機能を有している必要があります。①モノの交換媒体としての役割を果たす「交換手段」、②安全資産としてリスクを負わずに富を将来へ貯蔵する役割を果たす「価値貯蔵の手段」、③すべてのモノを共通の尺度で表示し、価値の比較を容易にする役割を果たす「価値尺度」の3つです。逆に言えば、これらの機能を有していなければ、貨幣として認められることはありません。

このような貨幣を有していると、どのようなメリットがあるでしょうか。

第一は、将来の安心感が得られることでしょう。貯金があれば、急な出費や災害などにも安心して対応できます。第二は、夢や目標の実現に役立つことでしょう。お金があれば、留学や起業、趣味の追求など、夢や目標を実現する手助けになります。第三には、老後の生活があります。年を取るとやがては働けない時がやってきます。その時に備えて貯金があれば、安心して過ごせます。

さて、ここからはちょっとしたお金の知識を紹介します。皆さんがこれからの生活で役立てることができる情報です。

1つ目は、複利の力を活かそう！　という点です。複利とは、お金が利子を生み出す仕組みのことです。毎月の少額な貯金でも、時間をかければ少しずつ増えていくのです。例えば、10年間毎月1000円を貯金していた場合、複利を考慮すると思った以上にお金が増えていることが分かります。興味があれば「複利計算」で調べてみましょう。

2つ目は、インフレーションに備えよう！　という点です。インフレーションとは物価が上がることを意味します。お金をただ貯めておくだけでは、将来その価値が下がってしまう可能性があります。投資信託や国債、NISAなど、将来の生活に備えてお金を運用する方も多いのではないでしょうか。とはいえ、リスクもあるのでしっかりと情報を集めて、自己責任で行いましょう。

3つ目は、お金には目標を持とう！　という点です。お金を貯める時には、目標が大切です。将来の夢や旅行、大切な人へのプレゼントなど、お金を使う理由をしっかり持っておくと、節約や貯金を行う動機がはっきりしてきます。目標があれば、少しずつでもお金を貯めることができるのではないでしょうか。

何もしないでいると、時間の経過とともに貯金はあっという間に減ってしまいます。逆に、数%ずつでも資産を増やしていくことを長く継続していれば、複利効果の恩恵を得る可能性が高まっていくでしょう。お金は未来を支え、大切な目標を叶える手助けになります。少しずつでも毎月のお金の使い方を考え、将来がより良いものになるよう、しっかりとお金に向き合っていきましょう！

03

栄枯盛衰――経済を引っ張るのはどこか

日本経済は戦後、さまざまな産業が牽引《けんいん》役となり、その栄枯盛衰が続いています。この歴史的な動きを理解することで、今後の展望もみえてくるでしょう。

日本の戦後復興は、製造業が牽引役となりました。1950年代から1960年代にかけ、鉄鋼、自動車、電機産業が急速に成長し、日本は経済大国へと躍進しました。

特に、電化製品では、白黒テレビ・洗濯機・冷蔵庫の家電3品目が、新しい生活・消費習慣を表わす「三種の神器」として喧伝《けんでん》されました。さらに、1960年代中盤のいざなぎ景気の頃には、カラーテレビ（Color television）、クーラー（Cooler）、自動車（Car）の耐久消費財が「新三種の神器（3C）」として急速に普及していきます。

これらにより、多くの人々が雇用され、一般の生活水準も向上したのでした。

しかし、1980年代後半におけるバブル経済の発生と、1990年代初めのバブル崩壊以降、景気は停滞期に突入しました。ここで新たな牽引役となったのが情報通信産業です。ＩＴ技術の進化やインターネットの利用拡大により、情報通信が経済の中心的役割を果たし、新たな成長を生み出しました。

日本経済の歴史を通してみえてくるのは、変化と共に成長してきたさまざまな産業の足跡です。そして、未来への新たな扉を開くカギは、過去の成功体験を踏まえつつ、新しい挑戦に果敢に立ち向かう姿勢にあると言えるでしょう。

現代においては、サービス産業や先端技術、再生可能エネルギーなどが牽引役となっています。製造業は海外に拠点を広げるなど変革を遂げ、これらの新たな産業が成長の主役となっています。ここからは、どのような産業が今後の日本経済を引っ張る可能性があるのか、ということをみていこうと思います。

１つ目は、デジタル技術の進化が急速に進むいま、これまで以上にイノベーションが求められます。例えば、人工知能やデータ分析の力を駆使したサービスや製品が、新しい市場を切り拓《ひら》くでしょう。若者たちには技術の発展に敏感に対応し、新たなビジネスの礎《いしずえ》を築くことが期待されています。

２つ目として、日本の経済はますます国際的な舞台で競《せ》り合っています。持続可能な発展が求められるなか、地球規模の課題に立ち向かう企業が台頭しています。SDGs（Sustainable Development Goals、持続可能な開発目標）などを含めて、環境に配慮し、社会的な課題に貢献するビジネスが、新しい市場を切り拓く一翼を担《にな》っていくと考えられます。

3つ目としては、技術が進化する一方で、人とのつながりやコミュニケーションの価値が高まっています。これまで以上に柔軟かつ創造的な発想が求められ、グローバルなネットワークを通じてアイデアやビジョンを共有することが、新たなビジネスの舞台となるでしょう。

「成長性が高い」事業とは？

近年、日本ではスタートアップ企業に対する注目が高まっています。2022年には、岸田首相が「スタートアップ創出元年」を宣言し、年末には5カ年計画も策定されました。2023年に入ってからも、スタートアップ支援策が相次いで発表されるなど、国がスタートアップ振興に力を入れています。

帝国データバンクによると、約24万社の比較対象に対して、スタートアップ企業は非常に高い成長性を示しています[1]。特に、成長性のレベルを10段階に分けたなかで最も成長発生率の高い「レベル10」では、全体の6・87％に対して、スタートアップ企業は62・35％がこの最高レベルに該当し、大きな差が表われていました。

スタートアップ企業の事業分野別の分析では、「モビリティ」が最も成長性レベルが高いことが分かりました。特に、空飛ぶクルマやEV、自動運転などの新技術が期待されているなかで、モビリティ分野のスタートアップ企業は75・9％が最も成長性の高いレベルに属しています。

また、送金／決済サービスや資産運用などが代表的な「FinTech」分野や「HR」（労務管理など人材に関する分野）、人工知能を指す「AI」、入居時の契約やDXツールを用いた業務効率化が多数みられる「不動産」、データ活用／管理サービスを提供する「プラットフォーム」など、6つの分野でも、スタートアップ企業の7割以上が最も成長性が高いレベルに該当していました。

さらなるスタートアップの創出に向けて、今後も国が支援策を強化・加速させていく見通しですが、一方でスタートアップ企業はサービスが軌道に乗る前の段階で人件費や開発費などのコストがかかり、資金繰《ぐ》りに苦しむ例も増えています。実際、2023年1~9月にはスタートアップ企業の倒産が前年比で倍増に近い32件発生しており、慎重な見方も求められています。

革新的なビジネスモデルが最大の武器であるスタートアップ企業にとっては、常にプロダクトマーケットフィット（PMF）の検証が必要であり、大規模な方針の転換には注意が必要でしょう。また、スタートアップ企業と取引をする企業も、高い成長性に期待しつつ、動向を細かく見守る体制が求められています。

日本経済が歩んできた道は多様であり、これからも変化し続けていくでしょう。未来へのカギは、挑戦し、変化に適応する力にかかっています。新たな局面に立つ日本経済の舞台には、革新的なアイデアと挑戦が必要不可欠となっています。

日本経済の歴史を振り返ると、異なる産業が時代に応じて牽引役となってきました。未来を見据《みす》える際には、多様な産業の発展が重要であり、これらの産業が連携し合い、新たな成長を築いていくことが期待されます。若者たちが将来の社会を築いていく上で、これらの産業やテクノロジーの伸展に興味をもち、挑戦することが、日本経済の更なる発展につながるのではないでしょうか。

04

株価と地価、バブル経済崩壊後の推移

１９８７年に始まり１９９１年に崩壊した、日本の「バブル」経済について、現在まで数多くの議論が行われています。その過程で一般の人びとにも「バブル」という言葉が浸透したことで、日常的には少し漠然とした意味で使われるようになってきました。しかし、**「バブル」は明確に定義されている言葉です。すなわち、実際の資産価格とファンダメンタルズ（経済の基礎的条件）価格の差が「バブル（泡）」と呼ばれます。**したがって、「バブル」とは、現実の資産価格のうち、ファンダメンタルズで説明できない部分を指しています。このように、経済理論上は正確な規定がなされている概念なのです[1]。

歴史的にみると、バブル経済は世界各国で発生してきました。特に有名なものとしては、１６３４年～１６３７年のオランダにおけるチューリップ狂事件、１７２０年頃のフランスにおけるロー・システムの崩壊、同時期のイギリスにおける南海泡沫事件、そして1920年代のアメリカにおける土地・株式のバブルが知られています。特に、南海泡沫事件（サウス・シー・バブル事件）は「バブル」の語源ともなったものので、1711年に設立された「南海会社（The South Sea Company）」の新たな提案をきっかけとして発生したものです。この南海会社への投機熱につられてさまざまないかがわしい会社が泡のように設立されました。最後には「それが何であるかは誰も知らないが、偉大な利益になる企《くわだ》てを行うための会社」という名前の企業が設立されるまでになったのです。こうしたことを受けて、政府は「泡沫会社禁止法」を制定し、その後1世紀以上にわたって株式会社の設立が禁止され、イギリスの経済発展に深刻な打撃を与えることとなりました。

アメリカの土地・株式バブルは、1929年10月24日にニューヨーク証券取引所における株価が大暴落し、終わりを告げました。いわゆる「暗黒の木曜日（ブラック・サーズデー）」とも呼ばれ、世界大恐慌へと発展するきっかけとなったのでした。

日本のバブル経済は、アメリカの土地・株式バブルと同様に2つの資産価格が高騰したものでした。日本のバブル発生と崩壊は、この1929年以来となる世界史的なバブルとして捉えられる出来事でした。

経済にとっての「健全性」とは？

1991年のバブル崩壊は、日本経済にとって大きな転換点となりました。バブル期には株価と地価が急騰しましたが、その後の動向は多くの人びとにとって気になるところです。バブル崩壊後の株価と地価はどのように推移してきたのでしょうか。

1980年代末、日本経済は異常な繁栄を迎えていました。日経平均株価は1989年12月29日に3万8957円を付けて史上最高値を記録し、土地の価格も天井知らずでした。東京の商業地の地価は、1986年と1987年には、それぞれ前年比75%、同37%上昇したのです。日本一の地価を記録していた東京・銀座の鳩居堂《きゅうきょどう》の地価が1坪1億5000万円になったことも大きなニュースとして報じられました。こうしたことを象徴するエピソードとして、東京の皇居の地価が、カリフォルニア州のすべてに匹敵するといった驚くべき事実があげられます。

しかし、1991年3月、バブル経済は崩壊しました。すでに株価は下落を続けていましたが、1990年3月に過剰な不動産価格の高騰を抑えるために大蔵省（当時）が金融機関に対して不動産融資の総量規制を通達したことで、土地の価格が劇的に下落していったのです。この結果、多くの企業や個人が巨額の損失を被りました。そして1991年3月、ついに景気は後退局面へと転換し、失業率が上昇、バブル経済が崩壊したのです。この時期を通じて、多くの企業が経営危機に陥《おちい》ることとなりました。

バブル崩壊後、日本の経済は不良債権問題に直面するなかで、1997年には北海道拓殖銀行や山一證券の経営が破綻するなど、「失われた30年」と呼ばれる長期低迷期に入っていったのです。

この間、2008年10月28日に日経平均株価は一時バブル後の最安値となる6994円90銭まで下落しました。同年9月に起こったリーマン・ショックによる世界的な不況が直撃した形です。その後、日本銀行が大胆な金融緩和政策を続けているほか、政府は経済対策など、たび重なる財政出動を行ってきました。

2024年2月22日、日経平均株価は終値で3万9098円68銭に上昇し、バブル期に付けた史上最高値を更新しました。実に34年2カ月ぶりのことです。さらに、3

月４日には４万円を超え、株価は未踏の領域に突入しています。

日本の株価は企業の業績と共に海外経済の動向などによっても変動しています。また、国土交通省が発表した２０２４年の公示地価は、全用途の全国平均で前年比２・３％上昇し、バブル期以来33年ぶりとなる高い伸び率となっています[2]。株価に続き土地にも上昇の流れが広がり、日本は脱デフレの転機を迎えています。

バブル経済は、急激な経済変動がもたらす影響を示す貴重な教訓となりました。経済の安定を図るためには、投機的な動きに冷静な目を向け、持続可能な成長を追求することが重要と言えるのではないでしょうか。

総じて、バブル崩壊後、日本の経済は回復と後退を経験しながら、少しずつ成長に向けて歩みを進めている段階です。**株価と地価の動向は、経済全体の健全性を示す指標として注目されています。**今後も国内外の経済情勢や政策の変化に注目しつつ、持続可能な発展を目指していくことが求められるでしょう。

2章　註釈

1-1　帝国データバンク、「TDB景気動向調査2024年3月」

3-1　帝国データバンク、「スタートアップ企業の成長性分析(2023年)」(2023年11月7日発表)

4-1　野口悠紀雄、『バブルの経済学:日本経済に何が起こったのか』、日本経済新聞社、1992年

4-2　国土交通省、「地価公示」(2024年3月26日公表)(https://www.mlit.go.jp/totikensangyo/totikensangyo_fr4_000043.html)

3章

数字の大きさをつかむ

◉経常利益

◉売上高

◉サプライチェーン

◉商流圏

◉燃料価格……

01 儲かっている企業はどこだ？

本項のテーマは「儲かっている企業はどこだ？」。日本全国の企業を都道府県ごとに検証し、経常利益に焦点を当ててみることで、どの地域でどの企業が頑張っているのか、興味深い事実がみえてくることでしょう。

まず初めに、「経常利益」とは何か、簡単に説明しましょう。

経常利益とは、企業が目的とする本来の営業活動にともない直接発生する利益（営業利益）のほかに、本業以外で得られた利益や、有価証券の売却や金利などで得られた利益も含まれます。言い換えれば、**企業が日々の運営でどれだけ利益を上げているかを示す数字と捉えることができるでしょう。**マイナスの場合は「経常損失」です。ただし、土地などの売却益や災害による損失など、毎年発生するものではない損益は含まれません。

日本のトップ10企業はどれだけ利益を上げているか

順位	企業名	産業分類	経常利益（億円）
1	トヨタ自動車株式会社	自動車製造	35,208
2	三菱商事株式会社	各種商品卸売	12,992
3	日本電信電話株式会社	その他の投資業	11.316
4	株式会社NTTドコモ	移動通信業	9,867
5	三井物産株式会社	各種商品卸売	8,975
6	KDDI株式会社	移動通信業	7,610
7	伊藤忠商事株式会社	各種商品卸売	6,552
8	本田技研工業株式会社	自動車製造	6,428
9	任天堂株式会社	娯楽用具・玩具製造	6,302
10	日本郵船株式会社	外航貨物海運業	6,287

※2022年度（2022年4月期～2023年3月期）の単体決算

図表3-1-1　経常利益の上位10社

さて、日本の企業で、経常利益が多いのはどこでしょうか。図表3—1—1をみてください。この表は、2022年度（2022年4月期から2023年3月期）の決算書（単体）における経常利益が多い企業のランキングを示しています。最も多いのはトヨタ自動車の3兆5208億円で、頭ひとつ、いやふたつ抜いてトップとなっています。2位は三菱商事で1兆2992億円、3位は日本電信電話の1兆1316億円です。経常利益が1兆円を超えている企業はこれら3社だけです。4位以下の企業名をみても、皆さんにもよく知られた大企業がずらりと並んでいます。

こうした企業は、それぞれの市場で激し

い国際競争を繰り広げており、稼いだ資金は更なる設備投資や研究開発に投じられることになります。

儲かる企業は佐賀県に？

それでは、都道府県でみるとどのような姿が現われてくるでしょうか。図表3―1―2では、総資本経常利益率、売上高経常利益率、売上高当期利益率、経常利益について、各都道府県での中央値を示しています。

総資本経常利益率（経常利益÷総資本×100）とは、企業が自己資本や他人資本を問わず経営活動に使用する資本に対して、どれだけの利益をあげているかを示す指標です。資本単位当たりの収益性は高いことが理想とされます。この式は、売上高経常利益率（損益関係の良否）と総資本回転率（資本の回転効率の良否）に分けて解釈することができることが大きなメリットです。

また、売上高経常利益率（経常利益÷売上高×100）とは、売上高に対して経常段階での利益をどの程度あげたかを表わしています。この値が高いほど損益に関係す

「高い利益率」を生み出す企業が佐賀県に

順位	都道府県	総資本経常利益率（%）	売上高経常利益率（%）	売上高当期利益率（%）	経常利益（千円）
		中央値	中央値	中央値	中央値
1	佐賀	4.10	3.18	2.15	8,051
2	福井	3.71	3.00	2.05	7,631
3	島根	3.38	2.99	2.26	4,852
4	東京	3.87	2.95	2.04	16,635
5	富山	3.39	2.79	1.92	7,975

（6 滋賀　7 長野　8 石川　9 岐阜　10 鳥取）

	全国	2.98	2.31	1.65	6,150

図表3-1-2　都道府県別の売上高経常利益率（中央値）ランキング

る経常収益、経常費用の管理が相対的に良好であることを示しており、企業の経営状況が良いとされています。売上高当期利益率（当期純利益÷売上高×100）とは、売上高に対して税引き後の最終利益をどの程度あげたかを表わす指標です。この利益は利益留保[1]の対象となるもので、低いと利益留保も低くなり、株主に対する配当もできなくなる可能性が出てきます。

図表3―1―2は、売上高経常利益率の高い上位10都県を並べています。これによって、どの地域がビジネスにおいて相対的に優れたパフォーマンスをみせているのかが分かります。

経常利益自体は、東京都が約1663万

円（中央値）で突出して高くなっています。しかし、売上高経常利益率が最も高いのは、実は3・18％の佐賀県でした。佐賀県は、総資本経常利益率が47都道府県で唯一4％台だったほか、売上高当期利益率も2位でした。

ディスカウントストアを経営しているダイレックスや、対外診断用の医薬品を製造するミズホメディーなどが大幅な経常利益をあげるなど、高い利益率を生み出しています。

2位にあがった福井県も、北陸地区最大手の総合商社である三谷商事や、長繊維の浸染、捺染《なっせん》、精練、樹脂加工など総合染色加工の国内トップ企業であるセーレンなど、優良企業が多くあります。

売上高経常利益率の中央値が3％以上となっているのは、佐賀県と福井県のみであり、総じて堅実な経営を行っていることが示唆《しさ》されています。

他方、大都市を抱える東京都、大阪府、愛知県もまた、それぞれの特徴を活かした活動が行われています。東京都は、国内外の多くの企業が本社を構え、多岐にわたるビジネスが展開されています。大阪府は、製造業や商業が盛んで、独自のビジネス文化が根付いていると言えます。愛知県は自動車産業を含め製造業が強みで、世界的に有名な企業が多く集まっているため、非常に強い競争力のある企業が集積しています。

　近年では地方の企業も注目を集めています。例えば、北海道や福岡県、広島県などは観光や地域特産品の販売が好調で、地域経済に貢献しています。また、ＩＴ技術を駆使した企業が東北地方で急成長しているなど、地域ごとに特色があります。

　最後に、これらのランキングを通じて、ぜひ地域経済やビジネスの面白さを見つけ出してみてはいかがでしょうか。日本中に広がる企業たちが、地域ごとに特有の魅力をもっていることを知ることで、将来への展望や地域に対する理解が深まることでしょう。

02 日本で一番の企業は、あの国のGDPに匹敵!?

今回は、日本の経済において巨大な存在である企業と、各国の経済規模（名目国内総生産〈GDP〉）について探ってみましょう。特に、日本を代表する企業であるトヨタ自動車の売上高と、名目GDPとの比較に注目してみます。

日本で一番大きな売上高を誇る企業といえば、トヨタ自動車です。トヨタは自動車メーカーとして、世界中で高い評価を受け、その売上高はなんと37兆円（2022年度、連結[1]、国際会計基準[2]）にも達します。これは一体どれだけの金額なのでしょうか。

トヨタの売上高を理解するために、名目GDPと比較してみましょう[3]。2022年度時点の日本の名目GDPは約566兆円で、アメリカと中国に次いで世界第3位の大きさです。そのような日本経済に対して、トヨタの連結売上高は対名目GDP比

トヨタの売上高はヨーロッパの国のGDP並み

順位		兆円	国名
51位		39.8	ポルトガル
52位		38.7	ノルウェー
53位		38.0	デンマーク
	トヨタ自動車（連結）	**37.2**	
54位		37.0	ハンガリー
55位		35.6	ギリシャ
56位		32.9	モロッコ

注：円にはIMFのImplied PPP conversion rate（1ドル＝90.7円）で換算
出所：IMF, World Economic Outlook Database, October 2023

図表3-2-1　トヨタの連結売上高と海外の名目GDP比較

で6・5%に相当する規模になっています。**トヨタの連結売上高を海外の名目GDPと比較すると、世界53位のデンマークに次ぎハンガリーよりも大きな経済規模です**[4]。

あるいは、トヨタ自動車単独の売上高は約14兆円ですが、この売上高でもセルビアとクロアチアの間に挟《はさ》まれる規模となっています。

一企業の売上高がこれら一国全体の経済規模に匹敵する水準とは驚くべき大きさです。これは世界有数の大企業が、どれほどの影響力をもっているかを考えさせられるのではないでしょうか。トヨタのような大企業では、多くの人が雇用され、国内外で多大な経済効果を生んでいます。

大企業が果たしている役割とは？

それでは、こうしたことは良いことなのでしょうか。企業が一国の経済水準に匹敵する規模になることは、一つの側面では経済において強力な存在であることを示しています。しかし、同時に企業と国が連携し、健全な経済を維持していくことの重要性も考えなければなりません。

このような事実は、今後、企業が社会的な責任を果たし、環境への配慮や社会の発展に寄与することがますます求められることになるでしょう。また、国家も企業と連携し、公共の利益を守り、健全な経済環境を構築していく必要があります。

例えば、ＳＤＧｓ（持続可能な開発目標）への積極的な取り組みもその一つでしょう。ＳＤＧｓは２０１５年９月の国連サミットですべての加盟国により採択された持続可能なより良い社会の実現を目指す世界共通の目標です。帝国データバンクの調査では、中小企業を含め企業の53・6％が何らかの形でＳＤＧｓに取り組んでいます[5]。とりわけ大企業（71・6％）は7割を超え、初めて5割を超えた中小企業（50・4

%）を大幅に上回る割合です。このような世界各国で重要度を増している課題解決へ向けた取り組みに対しても、大きな社会的役割を果たしていると言えるでしょう。

大企業は、多くのリソース（資本、キャッシュ、従業員、設備など）をもっています。前述のトヨタ自動車は、グループ全体で1000万台以上を販売しており、従業員数は世界全体で37万人を超えています。資本やキャッシュは数兆円にも及びます。このような大企業が行う企業活動や決定は、社会に大きな影響を与えることは容易に想像がつくでしょう。一方で、経済が不況になった時にも、従業員の賃金を払い続けることができたり、原材料価格が値上がりしても安定した価格で商品を提供することが、ある程度まで維持可能と考えられます。つまり、**大企業はさまざまな市場環境の急激な変化に対して、社会全体への影響を緩衝材《かんしょうざい》として受け止める存在ともなり得るのです。**また、大企業がもつ豊富なリソースを用いて、社会貢献活動を行うことが必要とされています。

今後の経済活動においては、大企業に限らず、自社としてできる範囲で、持続可能な社会を築いていくことが一段と求められていくのではないでしょうか。

03 身近なアレを作るために〇〇万社がかかわっている!?

この項では、身の回りにある身近な商品ができるまでに、実は多くの企業、ときには数万社がかかわっているという興味深い事実に迫ります。身近なアレを作るための商流圏《しょうりゅうけん》には、どんな企業がかかわっているのでしょうか？　それをみていきましょう！

まず初めに、**商流圏とは何でしょうか。**

これは商品が製造され、最終的に私たちの手元に届くまでの流れ全体を指します。

例えば、スマートフォンやコンビニで買うお菓子、洋服など、日常的に使用する商品は、さまざまな段階を経て作られています。

商品ができるまでの流れは、簡単に言えば以下のようなステップになります。

まずは原材料を調達することから始まります。商品を作るためには素材や原材料を仕入れます。例えば、チョコレートの原料であるカカオ豆を取り寄せることから始まるという具合です。次に、原材料をもとに商品を製造するプロセスとなります。カカオ豆を砕いてチョコレートにし、それを形に加工する段階です。その後、できた商品を各地の店舗や倉庫に送る流通段階を経ます。これには物流会社や運送業者がかかわります。そして、商品が店頭に並び、私たちが買うことができるようになります。スーパーマーケットやコンビニでの販売などが該当します。

こうした製品の原材料や部品の調達から製造、在庫管理、配送、販売、消費に至るまでの一連の流れ、つまり川上から川下までの流れが、サプライチェーン（供給連鎖、SC）と呼ばれています。供給を鎖《くさり》に見立てて、ひと続きの連続した流れとして捉える考え方です。

「サプライチェーン」にどう影響するか？

SCは、企業が合併など経営統合した場合に影響を受けるほか、倒産や廃業などが起こった場合にも大きな影響を受けることになります。

2024年中の経営統合を目指すことが発表された日野自動車と三菱ふそうトラック・バスについて、両社を頂点とするSC企業（売上高の1％以上を依存している企業）は、国内に9774社あると推計されています[1]。

両社いずれかと直接的な取引のある一次取引先が2120社、一次取引先と取引している二次取引先は5763社、さらに三次取引先が1807社、四次取引先が80社、五次取引先が4社と続きます。SC全体にもたらす年間売上高は1兆4260億円に及ぶ規模となっています。

このケースは、それぞれの親会社であるトヨタ自動車やダイムラー・トラックも巻き込んだ、トラックメーカーの大型統合です。トヨタとダイムラーが合同で持ち株会社を設立し、2社をその完全子会社とするスキームとなっており、この統合がサプライチェーン企業の動向にどう影響するかがたいへん注目されているのです（図表3―1）。

また、2022年に経営再建に向けた方針を発表した、自動車部品大手のマレリホールディングスでは、サプライヤーの数はグループ全体で3万7965社にのぼっていました[2]。マレリグループの製品に多く使用される原材料となる、金属やプラスチ

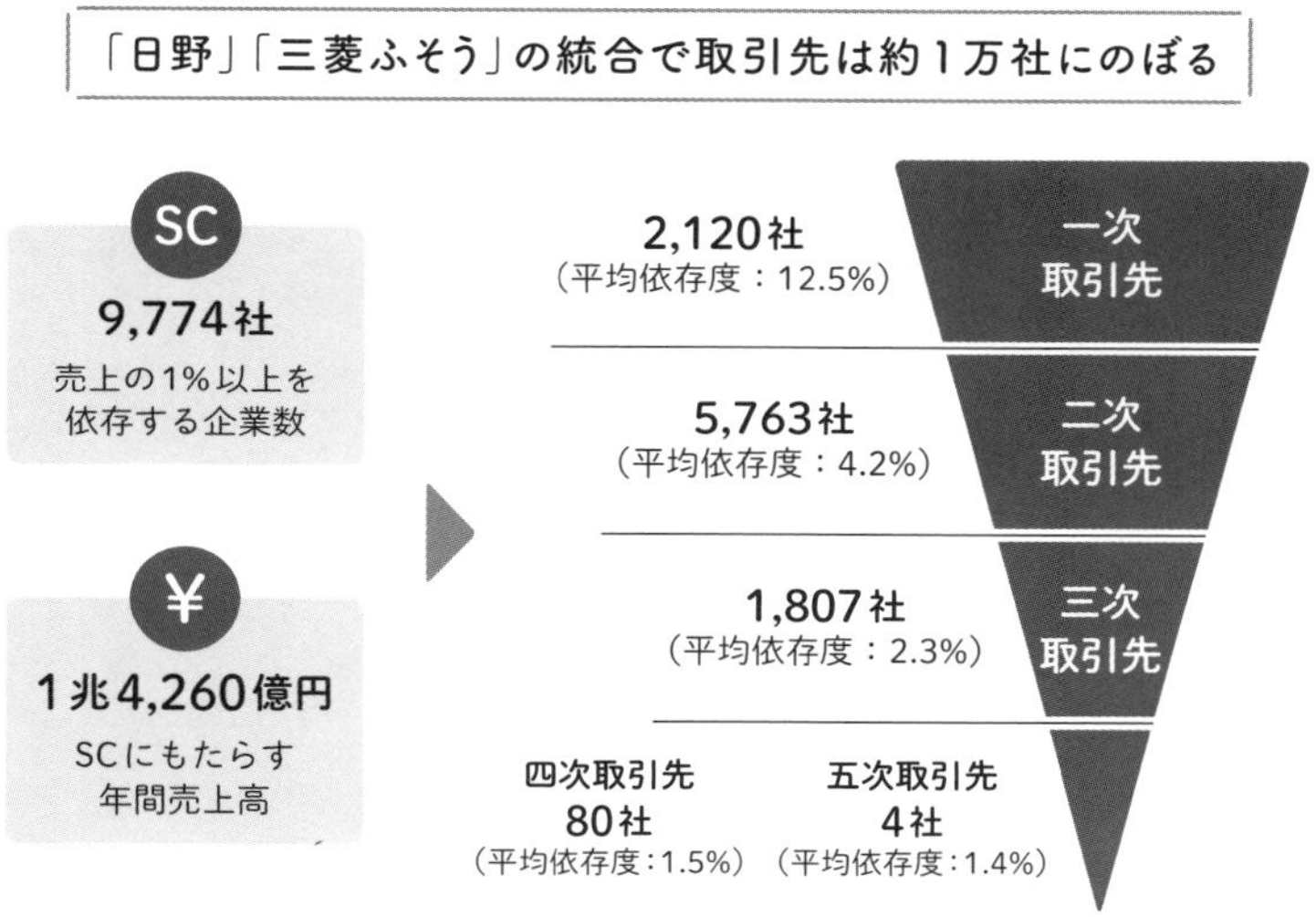

図表3-3-1 「日野自動車SC＋三菱ふそうトラック・バスSC」の企業数と売上高

ック製品などの素材・加工メーカーが多くを占めていますが、自動車部品のシステム化が進んでいるなかで、受託開発ソフトウェア業も１２００社を超えています。

自動車関連だけでなく、同じようにお菓子や洋服も多くの企業が協力して生まれています。原材料を生産する農家や牧場、製造を担当する工場、流通や販売を担当する企業など、協力しあって商品ができあがっているからです。

このほか、広域にわたる地震などの災害が起こると、サプライチェーンが寸断され、消費者に商品が届きづらくなり、経済活動に大きな支障が出てしまいます。このＳＣを管理し、製品の開発や製造、販売を最適化する手法がＳＣＭ（Supply Chain Management、サプライチェーンマネジメント）と呼ばれるものです。**ＳＣＭは、納期や売り上げ、コストにも大きくかかわってくるため、これを重視する企業も増えています。**

こうしてみると、商品ができるまでには膨大な数の企業が協力していることが分かってくるのではないでしょうか。それぞれが得意な分野で力を発揮し、協力することで私たちが利用する商品が生まれるのです。ここで、もう一歩踏み込んで考えてみると、実は、これらの企業が連携して商品を作るだけでなく、ビッグデータや人工知能を駆使して市場の動向を分析し、新たな商品やサービスを提供するための研究も欠かせないのです。

身近なアレを作るためには、何千、何万もの企業が協力していることを知り、ビジネスの広がりを感じてもらえたでしょうか。これからも新しい商品やサービスが生まれ、私たちの生活を豊かにしてくれることを期待しましょう。

04

ガソリン1リットルのうち〇〇円が税金!?

「ガソリン1リットルのうち〇〇円が税金!?」というテーマに迫ります。このナゾめいたガソリン価格の裏側には、さまざまな要素がからんでいます。では、なぜガソリンは高いのか、その内訳を構造的に知り、また、ガソリン補助金がどのような影響をもたらすのか、一緒にみていきましょう。

ガソリン価格は、非常に複雑な過程を経て設定されています。

現在、ガソリン1リットルの価格は、①本体価格と②税金、また③補助金で構成されています。

まず、①本体価格は、原油のＣＩＦ（運賃、保険料、為替変動を含む）価格が基盤となります。

ＣＩＦ価格は、一般的には貿易に関する取引価格のことです。この価格に、精製から販売に至るまでの各種運営コストが加わってきます。具体的には、原油をガソリンに精製する「精製費」、緊急時の備蓄に必要な「備蓄費」、さらに「自家燃費」や「金利」、「輸送費」、「販売管理費」などのほか、石油元売り会社のブランド価格や、ガソリンスタンドへの配送コストも加算されます。

次いで②税金です。

ガソリンには「ガソリン税」「石油税」、そして「消費税」がかけられています。ガソリン税は、1リットル当たり53・8円になります。これには「揮発油税」と「地方揮発油税」として28・7円がかけられ（本則税率）、さらに暫定《ざんてい》税率の25・1円も加えられています。暫定税率は、1974年に道路建設の財源不足を理由として上乗せされた臨時の税金です。ガソリン税の暫定税率は長期にわたり継続し、道路特定財源として道路を造り続ける仕組みとなっていました。そこで、いつまで暫定税率を続けるかについて見直しが行われ、2010年4月に廃止されました。しかしその後、同額分の特例税率が創設され、25・1円分の暫定税率分は現在も徴収され、使用目的も道路財源ではなく、特定の使い道を定めない一般財源に充《あ》てられています。

また石油税は、1リットル当たり2・04円の「石油石炭税」と、0・76円の

ガソリン180円／ℓの内訳はこうなっている

レギュラーガソリン	180
本体価格	107
石油税	2.8
ガソリン税（本則税率）	28.7
ガソリン税（暫定税率）	25.1
消費税（10%）	16.4

税金合計
73.0円で、
全体の**41%**

図表3-4-1　レギュラーガソリンの本体価格と税金合計

「温暖化対策税」が含まれ、合計2・8円になります。

ガソリン税と石油税は、ガソリン本体価格がいくらであっても同一の金額がかかっています。つまり、「ガソリン価格が上がった」というのは、ガソリン本体価格が上昇したことを意味するのです。

これらの本体価格と税金を合計した金額に、10％の消費税が適用されることになります。したがって、1リットル当たりのガソリン価格＝本体価格＋ガソリン税（28・7円、本則税率）＋ガソリン税（25・1円、暫定税率）＋石油石炭税（2・04円）＋温暖化対策税（0・76円）＋消費税、で構成されています。

例えば、レギュラーガソリンが1リットル当たり180円の時の税金の内訳を確認してみましょう。ガソリン税（本則税率28・7円、暫定税率25・1円）と石油税（2・8円）はガソリン価格にかかわらず固定です。また、原油価格等により変動する本体価格は107円です。これらの合計額に消費税率10％分の16・4円がかかってきます。したがって、**レギュラーガソリン1リットル当たり180円の時、税金は73・0円となり、全体の41％を占めていることが分かります**（図表3―4―1）。

2024年4月8日時点で、レギュラーガソリンの全国平均価格は175・0円です。過去最高値（186・5円）を更新した2023年9月4日時点より10円ほど値下がりしているものの、引き続き170円を超える高値が続いています。ガソリンなどの燃料は経済活動や日常生活に不可欠であり、価格動向が景気に与える影響も大きいため、その動向には注目が集まります。

高止まりガソリン価格はどうなるか？

ここで、近年のガソリン価格の動きを確認してみましょう。

外出自粛によるガソリン需要の減少に加えて、新型コロナウイルス感染症の感染拡大による世界的なロックダウンや石油消費量の減少による原油価格の下落が影響した格好です。レギュラーガソリンの全国平均価格は、2020年に入り新型コロナによる厳格な行動制限などの影響で下落が始まり、同年5月11日には124・8円と底値を記録しました。ガソリンスタンド業界の景況感を表わす景気DIは、新型コロナ禍前の2019年に年間を通して40前後で推移していましたが、2020年4月に1回目の緊急事態宣言が発出《はっしゅつ》されると、19・2まで急落していたのです[1]。

2021年以降は世界的な経済活動の再開による石油需要の高まりや主要産油国による減産調整、アメリカの金利上昇による円安傾向などを背景にガソリン価格は上昇を続けてきました。

ガソリン価格の高騰を受け、政府は「燃料油価格激変緩和対策事業」（ガソリン補助金）を発動し、2022年1月から補助金の支給を開始したことで、ガソリン価格は一時的な落ち着きをみせました。しかし、原油価格上昇や円安の影響が大きく、2023年9月に過去最高値を更新するにいたったのです。

ガソリン補助金とは、2022年4月に決定された新型コロナ禍における「原油価格・物価高騰等総合緊急対策」[2]、さらに新型コロナ禍における各種経済対策に引き続き「デフレ完全脱却のための総合経済対策」[3]に基づいて実施されている施策です。原油価格の高騰が新型コロナ禍からの経済回復の重荷になる事態を防ぐため、及び国際情勢の緊迫化による国民生活や経済活動への影響を最小化するための激変緩和措置として、燃料油の卸売価格を抑制するための手当てを行うことで小売価格の急騰を抑制することにより、消費者の負担を低減しようとするものです。

補助金の具体的な金額は、ガソリン価格の全国平均が1リットル170円以上になった場合、1リットル当たり5円を上限として、燃料油元売りに支給されます。

ガソリン補助金は、価格を安くすることで低所得者の経済的な負担を軽減し、交通手段の利用の支援につながるなど、プラスの効果が期待されます。一方で、補助金が長期にわたり提供される場合、予算の圧迫が懸念されるほか、補助金が価格を下げすぎると、節約意識が薄れ、エネルギーの無駄遣《むだづか》いが進む可能性も指摘されています。

2024年3月のガソリンスタンドの景気DIは、3カ月ぶりに改善し35・6となっています。経済活動の回復や娯楽・レジャーの需要増加など、押し上げ要因もみられますが、高止まりするガソリン価格による打撃は大きく、依然として新型コロナ禍前の水準を下回った状態です。

サウジアラビアなど主要産油国の減産やロシアの原油輸出禁止措置などにより供給量の増加は見込めない上、不安定な為替動向など懸念材料は多くあります。そのため、今後も燃料価格は高止まり予想で、消費者の節約志向の影響も懸念されています。

国内においては、脱炭素社会の実現に向けたＥＶ（電気自動車）の普及拡大や人口減少による需要減少など、長期的にも業界を取り巻く環境は厳しいと言わざるを得ません。

ガソリン価格のうち、税金がどれくらいを占めているのか、そして、補助金がどのような影響をもたらすのか。また、ガソリン税の暫定税率について、ガソリンの平均小売価格が１リットル１６０円を３カ月連続で超えた場合に、自動的にガソリン税が本則税率のみに引き下げられる「トリガー条項」に対する議論も行われています。

これらを知ることで、なぜガソリン価格が動くのかを理解し、社会が抱える課題にも迫ることができます。そして、将来的なエネルギー政策や燃料の選択に対する考えを深める一助となることでしょう。

05

「成長の壁」年商30億円

ビジネスの世界で成功するためには、さまざまな困難に立ち向かう必要があります。そのなかでも特に注目されるのが、「成長の壁」とされる年商30億円です。このテーマを深掘りしていきましょう。

企業には、成長ステージに応じて壁が存在します。創業して間もない時期は「いかに資金を調達できるか」、経営を軌道に乗せる時期は「いかに売上高を伸ばせるか」、個人経営から脱却してより大きなビジネスに拡大させる時期は「いかに組織体制を整備できるか」といったことです。年商30億円の壁は、事業が一つの段階から次の段階へ進む際に直面する課題を指しています。会社を立ち上げた初期の段階ではスピード感と柔軟性が求められ、これによって急成長を遂げることができます。**しかし、年商が30億円の水準に到達すると、ビジネスの複雑さが増し、組織の拡大や管理の難しさ**

が顕在化《けんざいか》してくると言われています。

この段階の企業になると、当初のスタートアップから複雑な企業への変革が必要です。新たな部門やチームを創設し、リーダーシップと組織構造の構築が求められます。これは、初期のアイデアから実際の事業構造を築く過程で、数々のプロセス改善と変革が欠かせなくなってくるのです。こうした企業では、取引先や市場の変動、法規制の変更など外部のリスクに対処する必要性が高まります。リスクマネジメントの体制を整え、変動に柔軟に対応できる仕組みを作り上げることが必要です。これにより、事業の安定性が確保され、未来の不確実性にも強く立ち向かえます。

では、なぜ一部の企業はこの壁を突破し、更なる成功を収めることができるのでしょうか。そのカギは人材の活用と財務の高度化にあります。人事戦略を見直し、適切なリーダーシップやスキルを持つ人材を確保することが成功のポイントです。また、組織文化を重視し、社員のモチベーションを維持することで、チーム全体が一丸となって目標に向けて進むことができます。さらに資金の使い方も重要です。成功企業は資金を効果的に活用し、新しい市場や技術への投資を積極的に行います。また、堅実な財務戦略を立て、不確実な状況にも柔軟に対応することが求められます。

「壁」を越えていくキーワードとは？

この「成長の壁」を越え、年商30億円を突破することは困難ではありますが、それを達成することで企業は更に発展していく可能性を秘めています。柔軟性、リーダーシップ、資金活用の最適化といった要素をバランスよく組み合わせ、これまでに培ってきた情熱と経験を活かして、新たなビジネスの地平を切り拓いていくことが重要となってきます。**年商30億円を突破した企業が未来に向けてさらなる発展を果たすためには、人材の多様性が大きな役割を果たします。**異なるバックグラウンドや経験をもつ人々が集まり、新しいアイデアや視点が生まれることで、ビジネスはより持続可能な形で進化していくのです。具体的には、多様性がもたらす創造性を取り込むことが大切です。多様な人材が組織に集まることで、アイデアの幅が広がります。これが新たな市場や商品、サービスの発見につながり、企業が成長の機会を逃さない原動力となってきます。異なる視点からの提案は、市場競争で差別化を生み出す大きな武器となるでしょう。

年商30億円直前の主な上場企業

商号	年商（百万円）	事業内容
ザインエレクトロニクス株式会社	2,999	自社ブランドのミックスドシグナルLSIの開発を行うファブレスメーカー
フォースタートアップス株式会社	2,998	タレントエージェンシー及びオープンイノベーション事業のほか、ベンチャーキャピタル事業
株式会社松屋アールアンドディ	2,991	メディカルヘルスケア事業（医療関連）、セイフティシステム事業（車両関連）、その他事業を展開
株式会社インティメート・マージャー	2,987	パブリック型DMPの運営および付随するデータの販売
株式会社サイバーセキュリティクラウド	2,980	サイバー攻撃を可視化して遮断するセキュリティサービス「攻撃遮断くん」や「WafCharm」の開発・販売
三興商事株式会社	2,980	学校や工場、施設、事務所など比較的大型物件の外壁工事、屋根工事を主体とし、建具工事ほか各種建材の販売を付帯
株式会社キャリアインデックス	2,978	インターネットを活用した集客プラットフォームの運営
株式会社フォーバル・リアルストレート	2,975	オフィス移転時、テナントとビルオーナー（管理会社）の間で、オフィス周りのコンサルティングや内装工事、オフィス機器の手配等
株式会社フジックス	2,975	ねん糸（家庭用・工業用縫い糸及び刺しゅう糸など）製造販売を主体に、手芸用品などの副資材の販売
ニフティライフスタイル株式会社	2,974	「不動産」「温泉」「求人」などの情報検索サイト・スマホアプリの運営による手数料・広告掲載料

図表3-5-1

次に、リーダーシップにおいても多様性は不可欠です。異なるバックグラウンドを持つリーダーがいることで、柔軟性が増し、変化に適応する力が強化されます。単一の視点では見過ごされる可能性のあるチャンスやリスクにも気づき、的確な判断を行うことができるでしょう。

また、豊かな組織文化においても多様性は重要です。異なるバックグラウンドをもつ社員が協力することで、コミュニケーションの多様性が生まれます。これが創造的なディスカッションを促進し、問題解決やイノベーションの源となります。

企業が競争力を維持していく上で、人材は重要な経営資源と言えます。今後、限られた人材を確保し、いかに教育・育成していくかということが、企業のいっそう重要な課題となっていくでしょう。企業には中長期的な視点に立った人材の確保や育成が求められます。成長の壁を越えるためには、多様性を受け入れ、逆にそれを活かしていくことが欠かせません。これからの時代、新たな価値を創造し、社会に貢献する企業は、多様性を大切にし、そのなかから生まれる異なる視点を大切にしていくことが必要となってきます。未来の企業は、多様性を活かして新たな可能性を切り拓いていくことで、次なるステップへと進むことができるでしょう。

3章 註釈

1-1　利益留保とは、企業が稼いだ純利益のうち、社外に分配せずに企業内に留保したものを言う。留保利益は、当期純利益から役員報酬や株主への配当金を差し引いたもので、経営の安定性や安全性を示す指標のひとつ

2-1　連結決算とは、親会社だけでなく、国内外の子会社、関連会社を含めた企業グループ全体を1つの組織として決算を行なうこと

2-2　国際会計基準(IFRS)とは、世界共通の会計基準により財務諸表を作成するルール。会計基準は国際的に統一されておらず、日本独自の「日本会計基準」やアメリカで採用されている「アメリカ会計基準(US－GAAP)」、日本会計基準とIFRSの間に位置付けられる「J－IFRS」の4つが日本において認められている

2-3　GDPは、ある国が一定の期間に生み出した付加価値の総額として定義される

2-4　IMF(国際通貨基金)の2022年におけるドル表示データを、購買力平価(Implied PPP、90.7円)で円に換算して比較(IMF、World Economic Outlook Database, October 2023)

2-5　帝国データバンク、「SDGsに関する企業の意識調査(2023年)」(2023年7月27日発表)

3-1　帝国データバンク、「日野自動車、三菱ふそうトラック・バスのサプライチェーン調査」(202

３年６月14日発表）

3-2　帝国データバンク、「『マレリ』グループ　サプライヤー状況調査」（２０２２年２月16日発表）

4-1　帝国データバンク、「ＴＤＢ景気動向調査」

4-2　原油価格・物価高騰等に関する関係閣僚会議にて取りまとめられた（２０２２年４月26日）

4-3　２０２３年11月２日に閣議決定

4章

数字を統計としてみる

◉経済波及効果

◉平均貯蓄額

◉未活用労働

◉フェイク情報……

01

経済効果○○億円のウラ側

2023年は、3月にワールド・ベースボール・クラシック（WBC）が開催され、日本代表（侍ジャパン）が3大会ぶり3度目の優勝を遂げました。今大会では、大谷翔平選手やダルビッシュ有選手のほか、各国でも多くのメジャーリーガーが参戦し、開幕前からこれまでの大会を超えた盛り上がりをみせていました。大会主催者によると、今大会の観客動員数は前回大会から約20％増加し、過去最多となったようです。

関西大学の宮本勝浩名誉教授は、WBCの開幕前に、侍ジャパンが優勝した場合の日本国内での経済効果は約596億円にのぼると試算していました。しかしその後、大会中の大きな盛り上がり等を受け、650億円に上方修正したと言います。

このようなイベントが開催される時、さまざまな機関からイベントに対する経済波及効果が発表されます。とはいえ、そもそも何のためにこのような試算を行うのか疑問に感じられる方も多いのではないでしょうか。

なぜ経済波及効果を試算するのか、それにはいくつか理由があります。まず、第一に、経済波及効果○○億円といった、一つの事業やイベントが地域や国の経済全体に与える影響を量的に把握することです。新しい施設や大規模なイベントを開催すると、それによって発生する収入や雇用は周辺の産業へと波及していくことになります。

第二に、官公庁や自治体の政策立案や、企業の経営計画立案などの判断材料に活用されます。例えば、ある地域で新たな産業を育てたい場合、その産業の波及効果を知ることで、地域全体の活性化や雇用の増加を金額や人数など量的に予測することができるようになります。

第三に、どの産業分野にどの程度の影響が及ぶのかを推計することにより、新たなビジネスチャンス領域を明らかにすることです。大規模なイベントを開催する場合、その経済的な利益を予測し、効果的なイベント運営や、人員や機材などのリソースを最適な状態に配置することにも活用可能です。

第四に、投入した費用に対してどの程度の便益（ベネフィット）が得られるのかを調べ、費用対効果を明らかにすることが可能となります。

そして第五に、社会全体を盛り上げて人びとの気分を明るくすることにも寄与できるでしょう。

経済波及効果は、さまざまな事業やイベントなどによる投資や消費の増加といった直接的な効果のほか、生産の拡大によって発生したモノやサービスの需要を満たすために、関連する各産業が新たな生産活動を行うことから起こります。その新たな生産活動によってさらにモノやサービスの需要が発生して、次なる生産へと波及することで生まれてきます（一次波及効果）。

直接効果や一次波及効果が発生すると、その産業分野の企業の売り上げや利益などが増加します。すると、そこで働いている人の残業代が増えたり、新たに人を雇うことによって人びとの所得が増加していきます。所得が増えた人は、その一部を貯蓄に回す一方で、一部はさまざまな消費活動に使うことになります。この消費活動は幅広い分野にまたがるため、それによってまた多様な産業において新たな生産活動が発生し、そしてそこで働いている人たちの所得もまた増加していくことになります（二次波及効果）。さらにそこで働いている人の増えた所得の一部が消費に回り……と次々に波及していくことになるのです。これらの活動によって生じる追加の支出や収入を評価し、経済全体に波及するときの効果が経済波及効果として算出されることになります。この過程では、専門の経済学者やデータ分析の専門家が関与していくケースもよくあります。

波及効果は、さらに三次、四次、五次……とどこまでも計算することも理論上可能ですが、実際には二次波及効果までを求めることが一般的です。その理由の一つは、**二次波及効果までの計測で全体のおおむね95％程度を捉えることができると想定されるためです。**そして、2つ目の理由は、残り5％を捉えるために三次以降を計算しても誤差が大きくなり、逆に精度が落ちてしまうことが往々にして起こり得ます。そのため、実務家が経済波及効果を求める時には二次までとしているのです。

その「出来事」がビジネスにどんな影響を及ぼすか？

過去に行われたイベント時には、さまざまなアイデア商品がヒットしてきました。

例えば、サッカーの2006FIFAワールドカップドイツ大会TMでは、W杯に関連するとみられる企業の銘柄を集めた金融商品や、ドイツの試合会場がある土地のブドウで作られたワイン、あるいは出場国がどこにあるのかわかる地球儀など、人気を博した商品も多くみられました。

WBCにおいても、日本国内でさまざまな経済効果が表われていました。大会グッズの爆発的な売れ行きや試合を観戦できる飲食店などの売り上げ増はもちろん、一部の宅配ピザ店ではWBCの試合当日に注文が殺到し、通常の2倍ほどの注文が入った店もあったと報道されました。ほかにも、侍ジャパンのメンバーとして活躍したセントルイス・カージナルスのラーズ・ヌートバー選手が行う「ペッパーミルパフォーマンス」にちなんで、本物のペッパーミル（胡椒《こしょう》の種子をひいて粉末にする器具）の売り上げが急増する調理道具店もみられたほどです。

さらに、WBCが幕を閉じた後も、マスク着用ルールの緩和も追い風となり、全国各地のバッティングセンターが賑《にぎ》わったほか、大会の記録等を収めたメモリアルフォトブックは発売前から予約が殺到していたことも記憶に新しいのではないでしょうか。

WBCが開催されていた時の国内景気は、外出する人の増加にともなう消費活動が牽引して、4カ月ぶりに改善していました[1]。その背景には、新型コロナウイルスの感染者数の落ち着きやマスク着用ルールの緩和、旺盛な旅行需要、卒業、歓送迎会などの季節需要のほか、ＷＢＣの開催も少なからずプラスに寄与していたと考えられます。実際、北海道で自動車リースの仲介業を営む企業の経営者からは、「ＷＢＣ優勝における経済効果は計り知れない」といった意見が聞かれたほか、大阪にある広告制作会社の社長による「ＷＢＣで優勝したので、景気が良くなってほしい」などの期待を込めたコメントもあがっていました。

２０１１年の東日本大震災後に行われたスポーツ（プロスポーツや企業スポーツ、地域スポーツや運動会など）大会では、震災で傷ついた多くの人の心を癒《い》やし、未来に向けた夢と勇気と希望を提供してきました。

経済波及効果は、私たちの身の回りで起こる経済活動が、どれだけ広範で複雑な影響を及ぼすかを理解する手助けとなります。こうした経済の流れを理解することにより、持続可能で発展的な社会を築くための戦略や方針を検討する一助となるでしょう。

02

日本の世帯の平均貯蓄額はいくら？ 平均年収はなぜ実感と合わないのだろうか？

ここでは、日本の世帯のお金に関するナゾに迫ってみましょう。経済ってなんだか難しく感じることもあるかもしれません。特に、平均年収と自分の実感が合わないことはありませんか？　それはなぜなのか、一緒に考えていきましょう！

まずは平均年収についてです。経済の数字をみると、何か難しくて目がクラクラしてくることもありますが、平均年収は簡単に言うと、すべての人の年収を合計して人数で割ったものです。しかし、ここには大きなカラクリがあります。例えば、上場企業のトップエグゼクティブの高い年収が影響を与えて、平均が引き上げられてしまうことがあります。

そこで、**平均だけでなく、中央値や最頻値もチェックすることが大切です。**中央値は全体のデータを小さい順（あるいは大きい順）に並べたときに中位（真ん中）に位置する値で、平均とは異なります。最頻値はもっとも頻繁《ひんぱん》に出てくる値のことです。なぜこれらが大切なのかと言うと、平均が引き上げられるケースでも、中央値や最頻値はより現実的な状況を示してくれるからです。

さて、お金にまつわるもう一つのナゾ、「平均貯蓄額」も見ていきましょう。平均貯蓄額も平均年収と同じく、すべての人の貯蓄額を合計して人数で割ったものです。しかし、これも同じようにトップの人たちの高い貯蓄額が影響を与えてしまいます。一方で、中央値を見ると、一般的な家庭の貯蓄状況が分かります。

それでは、日本の家計はどれくらいの金融資産をもっているのでしょうか。具体的にみていきましょう。

日本銀行が事務局を務める金融広報中央委員会の調査[1]によると、二人以上世帯の平均金融資産保有額は1307万円です。その内訳は、預貯金563万円、生命・損害保険178万円、有価証券427万円、個人年金保険79万円、その他59万円となっています。また、単身世帯でも平均金融資産保有額は941万円という結果です。

更に、すべての家計が保有する金融資産残高を合計すると2141兆円にのぼります[2]。

「家計はこれほど金融資産を保有しているのか！」や「ならば、もっと消費が活発になっても良いのではないか！」、あるいは「自分はそんなに多くの金融資産をもっていない」などと感じられた方も多いのではないでしょうか。

当然、このカラクリはこれらの数値が平均値を示していることにあります。前述の二人以上世帯の調査では、約7割の世帯が平均値よりも保有額は少なかったのです。また、「金融資産を保有していない」世帯も24・7％にのぼっています（単身世帯では36・0％）。

そこで、「一般的な日本の家計」が保有している金融資産額を捉えるために中央値を確認してみると、様相が大きく異なってきます。二人以上世帯の金融資産保有額の中央値は、330万円です（単身世帯では100万円）。中央値をみることで世帯全体の実感にかなり近くなったのではないでしょうか。

平均値？　中央値？　最頻値？

家計の所得や貧困に関する調査においては、米国では中央値が最も重要な統計数値

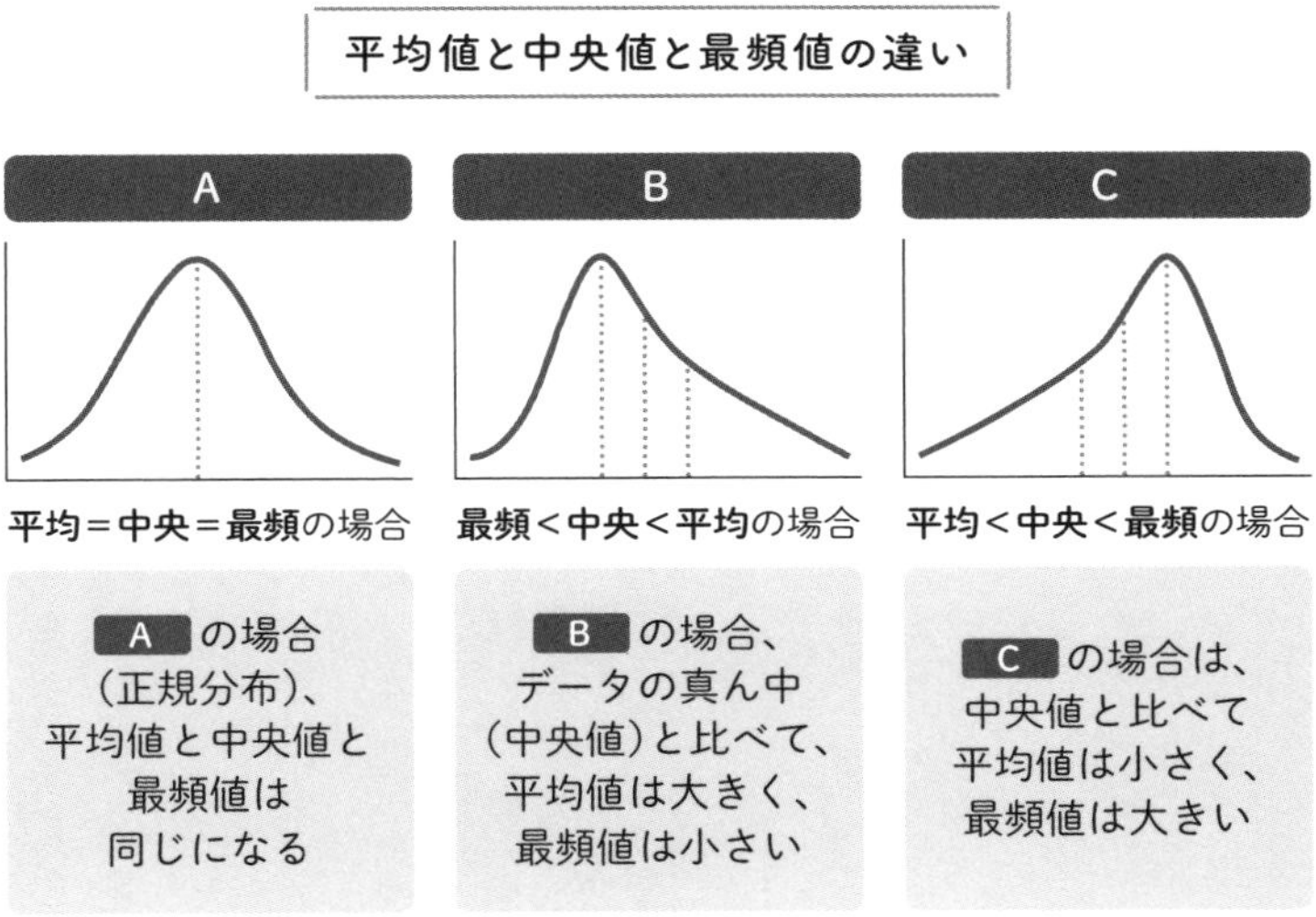
平均値と中央値と最頻値の違い
A
B
C
平均＝中央＝最頻の場合
最頻＜中央＜平均の場合
平均＜中央＜最頻の場合
A の場合（正規分布）、平均値と中央値と最頻値は同じになる
B の場合、データの真ん中（中央値）と比べて、平均値は大きく、最頻値は小さい
C の場合は、中央値と比べて平均値は小さく、最頻値は大きい

図表4-2-1

として扱われます。しかし、日本では、多くの統計調査において中央値が注目されることは非常に少ないと言っても過言ではありません。家計が置かれている状況はさまざまであり、**企業がマーケティング活動を実施する時、平均値だけをみて販売ターゲットなどを決めると適切な対策とはなり得ない可能性があります。これは政府による政策も同様です。中央値はもっと注目されるべき統計数字でしょう。**

統計の数字をみるときは平均値だけでなく、中央値や最頻値もみて、全体のバランスを捉えて考えることが大切なのです。お金に関する数字を理解することで、より良い生活の選択ができるようになります。将来の夢や目標に向けて、お金と賢く向き合っていきましょう！

これから先、経済の数字が出てきても、冷静に、そして賢くその数字をみていくことができるでしょう。

最後に、お金にまつわる知識は未来を切り拓くカギとなります。例えば、賢くお金を管理し支出することで、将来の夢や目標に向けて着実に歩むことができます。投資や貯蓄、そしてお金に関する情報を理解することで、自分の生活をより良くする手段を見つけられるはずです。それは将来の不安やストレスを軽減させることにつながるのではないでしょうか。お金の知識があれば、社会の仕組みや経済の動向を理解しやすくなります。自分の勤め先や生活する場所の経済事情を考慮に入れ、地域社会への貢献や新たな可能性を見出すこともできるでしょう。

03

未活用労働400万人の衝撃

企業における人手不足の深刻化が止まりません。帝国データバンクの調査によると、2024年1月には企業の52・6%が正社員が不足していると考えていました[1]。また、同調査で非正社員においても約3割の企業で不足と回答しています。

一方で、追加就労希望就業者（就業時間が週35時間未満の就業者のうち、いまよりも多くの時間を働きたい者）は、女性を中心に197万人います。また、潜在労働力人口（非労働力人口のうち、就業することが可能な者）は高齢者を中心として33万人、さらに失業者184万人を加えると、今後の労働力供給余地を測る未活用労働は414万人にのぼります[2]。

未活用労働は、2018年5月から総務省「労働力調査」において、雇用情勢を多角的に把握する観点から、失業者に加えて、追加就労希望就業者および潜在労働力人口を「未活用労働」とした指標が公表されるようになりました。**未活用労働は労働力の供給余力を表わしており、注目される指標です。**

追加就労希望就業者とは、就業時間が週35時間未満の就業者のうち、もっと長い時間働きたい人や、いまの仕事に加えて新たに別の仕事を増やしたい人のように、いまよりも多くの時間を働きたいと考えている人のことです。具体的には、パートで働いている女性などでフルタイム勤務を希望する人や、生産調整などの会社都合で短時間勤務となっている人が含まれます。

潜在労働力人口とは、就業者でも失業者でもない人のうち、仕事を探しているがすぐには働くことができない人や、働きたいが現時点では仕事を探していない人といった、潜在的に就業することが可能な人のことを指します。具体的には、1カ月以内に求職活動を行っており、2週間以内に仕事に就くことが可能な人（拡張求職者）や、1カ月以内に求職活動を行っていないが、就業を希望しており、すぐに就業できる人（就業可能非求職者）などが含まれます。また、失業者とは、就業しておらず、1カ月以内に求職活動を行っており、すぐに就業できる人のことを指しています。

一方で、働き方改革関連法が2019年4月から施行されています。働き方改革への取り組みは、人材の採用や定着、育成と共に、投資やイノベーションなど生産性向上も期待され、今後ますます重要性を増していくとみられます。

また、15～64歳の生産年齢人口は、２０４０年には約１２９５万人、２０５０年には約１９６８万人、それぞれ２０２０年時点より減少すると予測されています[3]。

「人手不足」にチャンスがある？

このような状況下において、人手不足の深刻化は一段と加速すると予想されますが、一方で、現時点において４１０万人を超える人材が未活用のまま埋もれていることも事実です。それでは、なぜこんな状況が起きているのでしょうか？　それにはいくつかの理由があります。１つ目は、企業が求めるスキルと、個人がもっているスキルとがマッチしていないことがあげられます。また、働きたいのに働けない人たちが存在するのは、労働市場の不足や企業の雇用慣行の問題も影響しています。

未活用労働が増加すると、社会全体に悪影響が及びます。１つ目は経済の低迷です。能力があるのに働けない状態が続くと、個人の収入が減少し、それが経済全体に悪循環を生むことがあります。また、企業も適材適所で働く人材を活かせていないことで、生産性が低下し、競争力の低下につながる可能性があります。

もう一つの影響は、個人の生活においても大きなものです。仕事がないことで収入が減り、将来の不安が増加します。また、スキルや才能を活かせないまま働くことができないと、やりがいを感じることが難しくなり、心の健康にも影響が及ぶかもしれません。

では、この未活用労働の問題を解決するためにはどうすれば良いのでしょうか？まず、教育と仕事のマッチングを改善することが求められます。若いうちから適切な教育を受け、それに合わせた働き方を見つけるサポートが必要です。また、企業側も柔軟で多様な雇用形態や働き方を受け入れ、人材を有効活用する仕組みを整えることが必要です。そして、これは多くの方にもかかわってくる問題です。自分のスキルや興味をしっかりみつめ、それに合った進路や仕事をみつける努力も欠かせません。また、柔軟な考え方や新しいことに挑戦する姿勢も、未来の活躍につながります。

最後に、未活用労働に立ち向かうための新しいアプローチも紹介しましょう。**データ分析や技術の進化は、将来の仕事のあり方を大きく変える可能性があります。例え**

ば、AIやデータ分析のスキルを身につけることで、新しい職種やビジネスの創出が期待されています。

未活用労働の問題は大きな挑戦ですが、これを克服することで、日本全体の力を引き出し、豊かな未来を築くことができるでしょう。優秀な人材の確保は、企業の成長に必須の条件ですが、とりわけ中小企業では人材の確保・定着がいっそう困難となっています。そのため、各社は効果的な採用活動に向けた改善を続けることが重要となっています。しかし、同時に政府には、労働者の最適な移動を可能とする労働市場の整備や未活用労働を活用するきめ細かな政策の実施が求められるのではないでしょうか。

04

数字でウソをつくには

人はどうやって人をだますのでしょうか。人はさまざまな手法を使って他人をだましますが、詐欺《さぎ》や欺瞞《ぎまん》は法的な問題になるだけでなく、信頼関係を傷つける最大の要因です。

政府はＥＢＰＭ（証拠に基づく政策立案）を推進し、ビジネスではデータ分析の専門家となるデータサイエンティストの必要性が注目されるなど、データ分析を重視する世論が高まっています。しかし、一方で科学的な手法を使っているようにみせかけながら、実は不適切な統計分析が行われていることがあります。これが「科学風のウソ」と呼ばれるものです。

科学風のウソをつく方法には複数のパターンがあります[1]。

一、統計データの出典・年度を意図的に取捨選択、混合する
二、代表性の欠落や異常値を偏《かたよ》ったデータで補完、拡大推計する
三、分析期間や対象における外的要因などを考えない、悪用する
四、分析手法における前提条件や基礎理論をウヤムヤにする
五、潜在的な偏りや誤差を軽視し、強引な解釈をする

これらの手法を用いて科学的にみせかけて、ウソを広めることがしばしば行われます。こうした科学風のウソを見破るには、基本的な確認事項や問題の検出手順を知ることが大切です。しかし、巧妙に仕組まれたウソを個人が見破るのは難しいかもしれません。そのため、組織的・体系的にウソを見抜く能力を向上させることが必要です。例えば、データ分析の際の注意点や盲点についての研修を行うなど、組織的なアプローチが重要です。

数字は一見すると信頼性があるようにみえますが、統計は決して完璧ではありません。高度な分析手法が使われているからといって盲目的に信じるのではなく、基本を理解し、適切な期待値をもつことが大切です。

現代社会では、インターネット上の情報をそのまま信じることなく、情報をしっかり理解・分析・整理し、自分の言葉で表現し、判断するスキルが求められています。大げさに聞こえるかもしれませんが、やるべきことはシンプルです。

具体的には、情報の発信者が専門家かどうか、出典は何か、エビデンス（根拠）はあるか、を最初に確認することが大切です。また、分野によっては、最初は正しいと思われた情報でも、時間がたつと実は間違いだったと分かることもあり、情報が発信されたタイミングも重要になってきます。

また、SNSなどでは、専門家がデマを否定する返信をつけていたり、他の人たちの見解を確認することもできます。もちろん、何かを攻撃することが目的の投稿ではないかを確認することは必須です。更に、多くの専門家のコンセンサス（合意）の集まりとなっている公的情報を参考にすることも役立ちます。そして、反射的に対応するのではなく、その場では一旦《いったん》冷静になり、時間をおくことも大切です。

まさにフェイク情報の被害を避けるためのポイントは、同時に自分がその発信者にならないためのポイントでもあるのです。

数字のウソや統計の改ざんは、個人や組織の信頼性の損失や混乱を引き起こします。

透明性と誠実さは、持続可能な関係を築く上でカギとなるのです。

数字のウソを見破るために人をだます手法やトリックを知ることは、自己防衛や詐欺から身を守る上で重要です。同時に慎重な分析と情報の確認、そして批判的思考が欠かせません。

そのデータの「真実」を見抜くには？

最後に、統計データや数字が提示された際に考慮するべき以下の5つのカギを紹介しましょう[2]。

一、誰がそう言っているのか？（統計の出所に注意）

……数字や統計の情報源がどこから提供されたのか、信頼性のあるものであるかを確認します。公的な機関や信頼できる組織が提供したデータは、信頼性が高いと考えられます。

二、どういう方法でわかったのか？（調査方法に注意）

……使用されている統計手法や数学的なアプローチを理解することが重要です。不正確な統計手法が用いられている場合、その数字の信頼性が低くなる可能性があります。

三、足りないデータはないか？（隠されている資料に注意）

……サンプルの大きさを確認することです。統計は一般的に大きなサンプルから得られたものほど信頼性が高く、小さなサンプルでは結果が歪む可能性が高まります。

四、言っていることが違っていないか？（問題のすり替えに注意）

……複数の情報源を比較することです。同じトピックに関する異なる情報源から得られたデータを比較し、一貫性があるかどうかを確認します。異なる情報源から同様の結論が導かれている場合、信頼性が高まります。また、数字が提示された際に、それが他の関連する情報やトレンドと整合性があるかどうかを確認することも重要です。不整合がみられる場合、数字の信頼性に疑問符がつく可能性があります。

五、意味があるか？（どこかおかしくないか？）

……数字が提示された文脈を理解することです。数字をみるだけでなく、その数字がどのような文脈で提示されているかを理解することが重要となるのです。数字が他の要因や条件なしに提示されている場合、その背後にある情報が不足している可能性があります。

統計のプロにかかれば、一般の人をだますことは容易です。しかし、これらの点を確認することで、統計を駆使するプロでなくてもウソを見抜くことは可能です。社会全体が透明性と誠実さを重視することで、信頼性のある情報が共有され、持続可能なコミュニケーションが築かれることによって更なる社会の発展へとつながるでしょう。

4章　註釈

1-1　帝国データバンク、「TDB景気動向調査2023年3月」

2-1　日本銀行金融広報中央委員会、「家計の金融行動に関する世論調査2023年(二人以上世帯調査)」(2024年1月26日公表)

2-2　日本銀行、「資金循環統計」2023年12月末

3-1　帝国データバンク、「人手不足に対する企業の動向調査(2024年1月)」(2024年2月26日発表)

3-2　総務省、「労働力調査」2023年10~12月詳細集計

3-3　国立社会保障・人口問題研究所、「日本の将来推計人口(令和5年推計)」(2023年4月26日公表)

4-1　戒能一成、「政策評価で『科学風のウソをつく』方法」、独立行政法人経済産業研究所、Special Report、2018年

4-2　ダレル・ハフ著、高木秀玄訳、『統計でウソをつく法』、講談社、1968年。本書は、半世紀以上も前に出版されているが、基本的な考え方は現代でも通じる古典的名著

5章

数字を探してみる

◉国勢調査

◉ＤＸ投資

◉ビッグマック指数

◉為替レート……

01 あんなところにも日本の人口が!?

この項のテーマ「あんなところにも日本の人口が!?」では、国勢調査の結果が使われる将来予測やマーケティングでの活用を紹介していきます。

国勢調査は、国内の人及び世帯の実態を把握し、各種行政施策やその他の基礎資料を得ることを目的として5年ごとに実施されています。２０２０年に行われた調査が21回目、実施１００年目の節目となっていました。

ここで得られるデータは、社会のさまざまな側面を知るための貴重な情報源となっています。政治や行政施策の基準としての統計となるほか、その他のさまざまな統計を作成する際の基礎データを提供し、民間企業や研究部門において利用されています。

国勢調査のデータは、将来を予測するときには欠かせません。例えば、特定の地域で若い世帯が増えている場合、その地域の教育や住宅事情に関する施策が必要になります。逆に高齢者が多い地域では、医療や介護に対する需要が増える可能性があります。

また、将来の労働力の推移を知ることで、産業構造の変化や雇用政策の見直しが行われます。これにより、若者がより働きやすい環境が整えられ、経済全体の持続的な成長が期待されます。

国勢調査のデータは企業にとっても貴重な情報源です。例えば、ある商品やサービスが特定の年齢層や地域に人気がある場合、企業は効果的なマーケティング戦略を構築することができます。また、ライフスタイルや趣味に基づいたターゲット広告の開発にも活用されています。

さらに、**国勢調査のデータは新しいビジネスの展開にも役立ちます。**例えば、若年層が増えているエリアには新しいカフェやエンターテインメント施設を開発することで、地域経済に刺激を与えることが期待できるでしょう。

特に、民間企業での利用方法で多いのが、国勢調査から得られる人口・世帯構成や人口の地域分布などから、市場規模や需要動向の見積もり、新商品開発、出店戦略などをたてることです。

例えば、単身世帯が増えていると食生活が変わり、家族で食べる鍋料理などは需要が減るかもしれません。そこで、調味料であれば家族単位から個人単位に合わせた商品展開にする根拠となります。あるいは、人口分布が郊外から都心に移っているのであれば、自動車へのニーズが変わるかもしれません。そこで、ファミリーカータイプよりも軽自動車など小回りのきく小型車の開発・販売に力を入れるでしょう。また、郊外に新店舗の出店を計画しているのであれば、店舗面積をどの程度にし、どのような品ぞろえにするのかを考えることもできます。あるいは、高齢化の進行している地域があれば、高齢者のニーズに合わせて、コンビニなどから栄養等も考えた食品の宅配サービスを提供することなど、さまざまな用途で使われています。

これら以外にも、国勢調査の結果を使ったビジネスへの応用は数限りなく考えられるでしょう。将来の生活者の姿をイメージすることで、新たなチャンスを発掘することが可能となるからです。

２０２０年の国勢調査は約７２９億円を投入して実施されました。日本は国際的にみると少ない金額に抑えている方ですが、これだけの国費を投じて実施される調査です。利用しない手はありません。

「国勢調査」は国の勢いのことではない？

２０２０年の国勢調査によると、日本の総人口は、前回調査（２０１５年）より94万８６４６人減少し、１億２６１４万６０９９人となりました。１９２０年の調査開始以来、初めて人口減少を示した２０１５年に続き、２回連続の減少となっています。また、この5年間の都道府県別人口の増減をみると、東京都、神奈川県、埼玉県など首都圏を中心に8都県で人口増加となった一方で、約8割となる39道府県は減少しました。

世界に目を向けると、２０２０年の各国の人口は、中国が約14億３９００万人で最も多く、次いでインドの約13億８０００万人、アメリカの約3億３１００万人が続いていました。日本は11番目に位置し、世界人口のおよそ１・６％を占めています。なお、世界の人口上位20カ国のうち、２０１５年から２０２０年にかけて人口が減少した国は日本だけだったのです。

国勢調査の「国勢」という言葉の意味を調べると、「国のいきおい」ととられがちですが、調査の歴史をみると「全国の情勢」という意味で使われています。

国勢調査は、私たちの生活や社会を理解し、未来を予測する上で欠かせないツールとなっています。これらのデータは政府、企業、そして私たち個人の意思決定に大きな影響を与えています。そしてデータの活用は、単なる数字以上のストーリーを作り出すことができるのです。未知の可能性や新たなビジネスチャンスが、データの奥深い分析からみつかることもあるでしょう。将来の展望を知り、地域社会やビジネスの発展に貢献するためにも、国勢調査の結果に興味をもち、その活用方法を学んでみてはいかがでしょうか。

02 日本のデジタル化は遅れている

2021年9月にデジタル庁が発足して2年10カ月が経過しました。近年、デジタル化やDX(デジタルトランスフォーメーション)がさまざまな場面で叫ばれています。とりわけ、データとデジタル技術を活用して自社の製品やサービス、ビジネスモデルを変革し、競争上の優位性を確立するというDXの実現は企業に強く求められています。

そうしたなか、岸田首相は2022年10月3日に召集された臨時国会で所信表明演説を行いました。

そのなかで、「科学技術・イノベーション」「スタートアップ」「GX(グリーントランスフォーメーション)」「DX」の4分野に対する官民の投資を加速させるとし、さらに、個人のリスキリング(成長分野のスキルを身に付けるための学びなおし)に対して、5年間で1兆円規模の公的支援を実施すると表明しています[1]。

スイスの有力ビジネススクールIMDが発表している『世界デジタル競争力ランキング』の2022年版[2]で日本は前の年から1つ順位を下げ、63カ国中29位となり、過去最低を更新しました。アメリカやイギリスなど日本を含む主要7カ国（G7）のなかでは下から2番目（前年と同順位）、アジア・太平洋地域では14カ国中8位（前年から1ランク上昇）となりました。

このランキングは、DXに対する準備などを含め経済的及び社会的変革に向けて、各国政府や企業がどの程度デジタル技術を利活用できているかを示したもので、さまざまな統計データや企業の経営層へのアンケート調査から52の指標を測定して評価を行っています。日本においては、「高等教育の生徒当たり教師数」（1位）や「モバイルブロードバンド利用者数」（2位）、「世界におけるロボットの流通」（2位）、「ソフトウエア著作権保護」（2位）の項目で引き続き高い評価を得ました。

一方で、調査開始の2017年から低水準が続いているのは「国際経験」、「ビッグデータ活用・分析」、「企業の機敏性」、「機会と脅威の対応」でいずれも63位と調査対象国のなかで最下位となりました。また、企業における「デジタル技術スキル」も62

位にとどまっています。実際、帝国データバンクが実施した企業への意識調査[3]によると、ＤＸに取り組む上での課題について、「対応できる人材がいない」（47・４％）や「必要なスキルやノウハウがない」（43・６％）が上位となり、人材やスキル・ノウハウの不足は最も大きな課題となっています。

総じて、日本は良い技術基盤をもっているにもかかわらず、企業においてはそれを活かす人材やデジタルスキルが不足していること、更にデジタル化の動きなどビジネス環境変化への〝企業の対応力〟に引き続き問題があると言えそうです。

進んでいるアメリカとどこが違っているか？

さて、日本企業におけるデジタル化やＤＸへの取り組みは、前述のランキングにおいて２０１８年から4年連続で1位を獲得していたアメリカ（２０２２年：２位）と比べてどのような違いがあるのでしょうか？　情報処理推進機構（ＩＰＡ）が発表した「ＤＸ白書２０２１」によると、日本ではＤＸに取り組んでいる企業が55・８％であるのに対してアメリカでは79・２％と大きな差が生じています。

また、社員のＩＴリテラシーの向上に関する施策状況について、日本企業では「社内研修・教育プランを実施している」が22・０％、「社外研修の受講を実施、推奨している」が22・１％となっています。

一方でアメリカではそれぞれの割合が54・５％と32・８％で、日本をおよそ10〜22ポイント上回りました。更に、日本において社員それぞれのＩＴリテラシーレベルを認識・把握している企業は39・８％だった一方、アメリカ企業では80・８％と日本を大幅に上回っています。**日本ではデジタルスキルの向上に関する施策の実施にあたって必要なプロセスである「現状把握」を含め、デジタル化・ＤＸへの対応がアメリカに大きく遅れを取っていることが明らかになりました。**

デジタル技術の進展や消費者ニーズの多様化によってビジネス環境が激しく変化するなか、企業が生き残るためにはデジタル化やＤＸへの取り組みが必要不可欠となっています。日本企業はデジタル人材の確保のほか、在籍している従業員のＩＴリテラシーなどデジタルスキルを把握した上でリスキリングなど社内全体のスキルの向上に関する施策を実施することが肝要となるでしょう。

03 安いニッポン

新型コロナ禍が明けて、海外からの訪日旅行客が急増しています。そこで異口同音に発せられるのは「日本の物価は安い！」という言葉です。ここでは「安いニッポン」について、ビッグマック指数（ＢＭＩ）を通して価格の舞台裏を垣間見《かいまみ》てみましょう。なぜビッグマックを使うのか、その背後にある理由や日本の価格に迫ります。

まず、**ビッグマック指数について説明します。これは、マクドナルドのメニューにあるビッグマックの価格を使って各国の物価水準を比較しようとする指標です。**なぜビッグマックかというと、マクドナルドが世界１００カ国以上でほぼ同品質で販売するビッグマックの値段は、その国の原材料費や光熱費、店舗の家賃、従業員の賃金など、さまざまな要素を反映するため、各国の標準的な商品として比較しやすいためです。ビッグマック指数はイギリスの経済専門誌『The Economist』が提唱したもので、一年に2回発表されています。

そもそもビッグマック指数は、通貨が正しい水準にあるかどうかを示す気軽なガイドとして１９８６年に考案されたものです。この指数は、外国為替レート決定理論の考え方のひとつである購買力平価（ＰＰＰ）理論にもとづいて算出されています。ＰＰＰはさまざまな経済データを国際比較する時に頻繁に使われるもので、より長期的なトレンドに沿った為替水準を示しています。

それでは、日本のビッグマック指数はいくらなのでしょうか。２０２４年1月時点での価格は1個４５０円[1]（３・０４ドル[2]）です。この価格をもとに、他の国のビッグマック価格と比較することで、物価水準の違いを知ることができます。

とはいえ、そもそもこの価格は高いのでしょうか、それとも安いのでしょうか。答えを先に言えば、非常に安いと言えるでしょう。調査対象となっている55カ国・地域のうち、日本は45位です。前後の順位をみると、44位はルーマニア（５０６円、３・４３ドル）、46位はベトナム（４４５円、３・０１ドル）となっています。日本は基準となるアメリカのビッグマック（８４１円、５・６９ドル）より46％以上、トップのスイス（１２０７円、８・１７ドル）からは62％も安い価格です。

日本の「ビッグマック」はなぜ安いのか？

なぜ日本のビッグマックは安いのでしょうか。いくつか理由はありますが、1つ目の理由として、生産性向上と技術の進化があげられます。日本の効率的な生産ラインと技術進化により、商品を生産するコストが削減されています。2つ目としては、競争の激化が考えられます。飲食業界は激しい競争のなかにあります。これが価格を下げざるを得なくさせ、消費者にとっては安価で購入できる選択肢となります。3つ目は、日本の労働者は同じ労働時間で多くの仕事をこなしており、それがビッグマックにかかるコストを下げている要因となっています。ビッグマック指数が安いということは、日本が相対的に物価の安い国であることを実感するでしょう。これは一つの商品に限った話ではありませんが、他の商品やサービスも同様に安くなる傾向があります。

この安さは観光客にとっては大きなメリットで、外国からの旅行者にとってはリーズナブルな価格で美味《おい》しい食事を楽しむことができるのも日本の魅力の一つとなっています。もちろん、価格が安いからといって品質が低いわけではありません。日本でも食品や商品の製造段階から環境への配慮が欠かせません。品質と環境への取り組みを両立させることが、日本の商品において当たり前の価値となっています。

日本の安さはビッグマックの価格だけでなく、日本での暮らし全体にも表われています。製造業やサービス業において、日本は独自の方法で生産性を高め、効率を向上させてきました。これが、商品を手頃な価格で提供できる要因となっています。特に、公共交通機関の利便性や治安の良さ、教育の充実など、価格以外の要素も含めて日本が提供する暮らしの豊かさには目を見張るものがあります。

「安いニッポン」は価格だけではなく、その背後に広がるさまざまな価値が魅力です。工夫と技術の結集、環境への取り組み、そして価格だけでない暮らしの充実感。価格の裏に隠れたこうした価値に気づき、日本の魅力を改めて感じてみてください。

とはいえ、日本が賃金上昇をともなう経済成長に失敗した結果、現在のような「安いニッポン」になったことも確かです。ビッグマック指数は、単なるハンバーガーの価格比較以上の意味を考えることができ、その背後には国の経済構造や文化が反映されているといえるのではないでしょうか。

04

外国為替レートが1ドル＝110円から150円に上昇！　どうして"円安"？

「円安」が起きる背景には複雑な要因がからんでいます。まず、外国為替レートがどうして変動するのか、その仕組みを理解することから始めてみましょう。

外国為替レートは、異なる通貨同士の交換比率を示しています。このレートは外国為替市場での需要と供給にもとづいて変動します。例えば、日本・円がアメリカ・ドルよりも需要が大きければ円高になります。逆に、ドルが求められると円安になります。

外国為替市場では、各国の経済状況や政治的な出来事、金融政策の変更、あるいは市場参加者たちの思惑や日々の些細《ささい》なニュースなどさまざまな影響を受けています。もし日本の経済が好調だったり、アメリカが低金利政策をとった場合、日本・円をほしいと考える人が増えることで日本・円への需要が増大していき、円高が進んでいくことになります。

外国為替市場にはさまざまな参加者がいます。大手金融機関や企業、ヘッジファンド、個人投資家などが為替取引を行い、これらの取引が外国為替レートを形成します。市場の期待や予測、経済指標の発表などが市場心理に影響を与え、為替相場は常に変動することになるのです。

外国為替市場が安定するためには、予測可能な経済政策や国際情勢が必要です。不確実な要因が多い場合、市場は揺れ動きやすくなります。例えば、政治的な不安定、自然災害、国際紛争などがあげられるでしょう。

外国為替レートが1ドル＝110円から150円に上昇すると、「円安ドル高」と呼ばれます。外国為替市場の動向は国際的な経済の健全性や市場参加者の行動によって左右され、予測が難しい一面もあります。

2021年から2023年にかけて、日本・円は急速に円安が進みました。「円安」とは、対ドルなど他の通貨に比べて円の価値が下がる状態を指します。そこで、円安のメリットとデメリットとを考えてみましょう。

円安が進むと、日本の輸出企業は商品が他国で買われやすくなるためプラス材料と

外国為替レートの動き（2021年〜2024年）

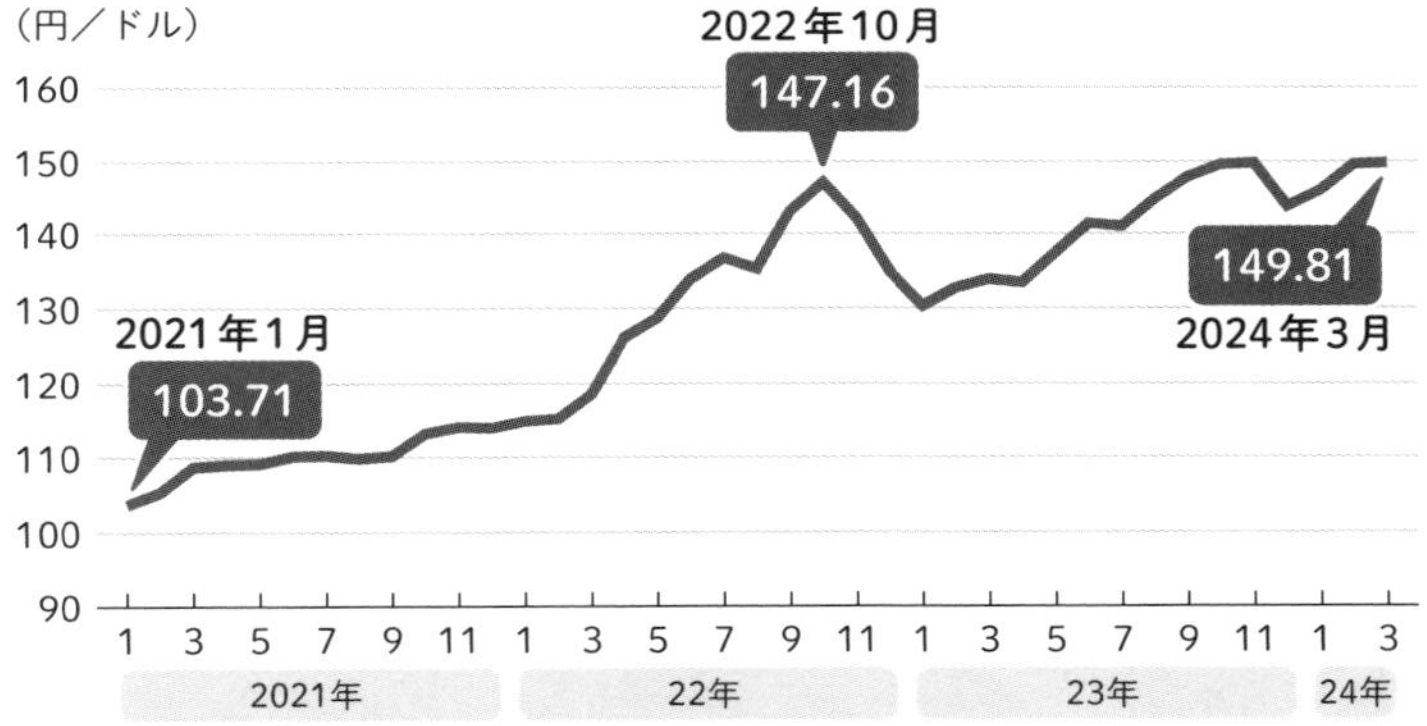

出所：日本銀行「主要時系列データ表・東京市場　ドル・円　スポット　17時時点／月中平均」より帝国データバンク作成

図表5-4-1

なる一方で、輸入品は高騰しやすくなります。輸出企業からみると、日本で販売している自社の商品が価格面において海外で競争力をもつことになり、輸出が増えるだろうと期待します。逆に、海外の人から見ると、自国通貨の価値が高くなることで、日本から輸入した商品の価格が割安となり、同じ金額の自国通貨でより多くの商品を輸入することが可能になるのです。

ただし、日本の輸入業者にとって、円の価値が下がると、外国からの商品や原材料を購入する際に、より多くの円が必要となります。円安が進行すると海外で買い付けた商品を輸入する時、その価格がより高くなってきます。その上昇分を日本で販売する商品価格に上乗せすると、日本の人びとが直面する価格を押し上げて、生活費の上昇につながります。これが日本国内で物価上昇を招く要因となっていくのです。

他方、政府や中央銀行は、急激な為替変動に介入することがあります。これは市場の乱高下を防ぐためで、円安の進行が過度になると、輸入品価格の上昇を通じて急速なインフレが生じる可能性があるからです。

外国為替レートの変動は単なる数字だけでなく、国の経済や国民生活にも大きな影響を及ぼします。円安になることで、国内企業や労働者、一般の人びとにも及ぶさまざまな影響を理解することが重要です。

これらの要因を考慮することで、なぜ「円安」と呼ばれているのか、そして外国為替レートがどのように形成されるのか、その全体像を理解できるでしょう。

為替市場は予測が難しく、状況によっては急激な変動が生じることもあります。為替相場はさまざまな要因に影響を受けるため、専門的なアドバイスや情報の利用が重要です。特に個人投資家は、リスクを理解し、専門的な知識を身に付け、十分な情報収集の上で取引を行うことが大切です。為替取引を行う際には慎重な計画とリスク管理が欠かせません。

数字の変動以上に影響がある？

外国為替レートの動向は国際的な協力や経済の発展、技術の進歩によっても大きく変わる可能性があります。これまで以上にグローバルな状況が市場に影響を与えるなか、異なる通貨同士の関係性や経済政策の変化を注視することが求められます。

外国為替市場は、単なる数字の変動以上の意味をもっています。私たちの日常生活や経済に密接にかかわるものであり、その理解は必要不可欠なものです。２００８年に起こったリーマン・ブラザーズの経営破綻《はたん》や、いまだ記憶に新しい新型コロナウイルスなど、過去の出来事から学び、柔軟に対応することが、未知の未来に対する最も堅実な準備と言えるでしょう。

これからも為替市場の動向を注意深く観察し、新たな知識を身に付けていくことで、私たちは経済の舞台裏に潜むメカニズムを理解し、未来への投資をより賢明に進めることができるでしょう。

05

企業の半数で人手が足りない！

新型コロナ禍が明けて「4年ぶり」がキーワードとなった2023年。秋の行楽シーズンでは、各種イベントの開催やインバウンド需要の回復などにより国内景気は上向き傾向を示していました[1]。しかし、それにともない人手不足に直面する企業が再び拡大してきました。まさに、人手不足が事業継続を揺るがす経営リスクとして顕在化しているのです。

2024年1月時点における全業種の従業員の過不足状況について、正社員が「不足」と感じている企業は52・6％と半数を超えていました[2]。前年の1月と比べると0・9ポイント上昇し、1月としては調査を開始した2006年以降で最も高かった2019年（53・0％）に次ぐ高水準となっています。

正社員が不足している割合を業種別にみると、「情報サービス」が77・0％で最も高くなっていました。実際に、この業種に属する企業からは「企業のシステム刷新のプロジェクトが相次いで発生し、人手不足の状態が継続」（東京都）や「企業の設備投資意欲が高く、人手が足りていない状況が続いている」（神奈川県）、「システム開発の案件が増えてきているが、人材不足で対応できず受注に結びつけることができない」（東京都）といった声が聞かれます。旺盛なシステム関連の需要がありながらも、人手不足がボトルネックとなっている現状が表われた格好です。

2番目に人手が不足している業種は、「建設」（69・2％）でした。その他、「旅館・ホテル」（68・6％）や「メンテナンス・警備・検査」（68・4％）など、9業種が6割台で続いていました。

一方で、働き方改革の推進に向けて、大企業では2019年4月から、中小企業では2020年4月から、それぞれ時間外労働、いわゆる残業時間に対する規制が強化されました。ただし、物流・運送業界や建設業界、医療業界などでは、時間外労働の上限規制の適用が5年間見送られていました。この猶予期間が2024年3月に終わり、4月からはこれらの業種でも時間外労働の上限規制が適用されています。この上限規制により、建設業や運送業などにおいて労働力不足が深刻化する、いわゆる「2

024年問題」が懸念されています。

これらの業種における人手不足の現状は、前述のように建設業では69・2%、トラックドライバーなどを含む道路貨物運送業を中心とした物流業では72・0%の企業が人手不足を感じていました。2024年問題が目前に迫っていたこの時点で、実に7割の企業が人手不足に陥っていたのです。賃金など人件費に充てる資金を十分に捻出できないという声もあがるなかで、資材価格や燃料価格の上昇などによって収益が圧迫されるなど、人手不足の加速に拍車をかけています。

人手不足の解消には従業員数の増加が重要な一手となり得ますが、人手不足を感じている企業のなかで、前年より従業員数（正社員数）が「増加した」企業は、建設業で19・6%、物流業では16・2%にとどまっていました。従業員数が「変わらない」または「減少した」企業は両業種とも8割を超えています。働き手が限られるなかにありながら、従業員数を増加させることは容易でなく、両業種の人手不足は長期化することが予想されます。他方、パートやアルバイトなどを含む非正規社員では、人手不足は29・9%となり、前年同月から1・1ポイント減少しましたが、引き続き約3割の水準で推移しています。

非正規社員の人手不足割合を業種別にみると、「飲食店」が72・2％で唯一7割を上回っています。次いで、「人材派遣・紹介」が62・0％で続いています。そのほか、小売業やサービス業を中心に個人向け業種が上位に並んでいました。

「良い人材」を集めるには？

それでは、こうした人手不足を解消する方法として、どのような対策が考えられるでしょうか。

帝国データバンクが行った調査[3]によると、正社員・非正社員の「人手が不足していない要因」について、「賃金や賞与の引き上げ」と回答した企業の割合が51・7％と、最も高くなっていました（複数回答、以下同）。次いで、清潔保持や休憩スペース、社内相談窓口の設置など「働きやすい職場環境づくり」や、「定年延長やシニアの再雇用」が3割台で続きます。また、「福利厚生の充実」や「公平で公正な人事評価」といった、従業員が成長・安心できる職場に関する項目も2割を超えていました。

人手不足の解消には大きく分けて、マンパワーの増加と生産性の向上のいずれか、

または両方が求められます。

労働人口の減少や時間外労働の上限規制などが重なり、従業員数の増加が見込みにくいなかで、生産性の向上は避けては通れないテーマです。業務フローの見直しに加えて、デジタル化による生産の効率性やリスキリングを活用した労働生産性の向上など、手段は多岐にわたります。今後、人手不足の長期化が予想されるなか、解消に向けた早期着手・先行投資はさらに急務となっています。

転職市場などを筆頭に、賃上げによって良い人材を高給で囲い込む動きが強まるなか、満足に賃上げされないことを理由に従業員が辞めることで経営に行き詰まり、倒産する中小企業の増加が懸念されます。いわば、「賃上げしないリスク」が顕在化しているとも言えるのではないでしょうか。

帝国データバンクが提唱する「人材確保・人手不足解消の7カ条」（図表5―5―1）はそのための羅針盤ともなるでしょう[4]。

具体的には、

①成長・安心できる職場

②賃金の引き上げ

「マンパワー」と「生産性」を上げるには?

1 成長・安心できる職場
2 賃金の引き上げ
3 働き方の多様性
4 仕事の合理化
5 適材適所による効率化
6 慣例にとらわれない人事制度
7 職場へのアクセス・立地条件

図表5-5-1　人材確保・人手不足解消の7カ条

③働き方の多様性
④仕事の合理化
⑤適材適所による効率化
⑥慣例にとらわれない人事制度
⑦職場へのアクセス・立地条件

です。この7カ条をすべて実現するのは難しいかもしれませんが、できる項目から始めることは可能です。例えば、リスキリングにより従業員が成長できる環境を用意することや、働きやすい職場を提供することなど、見える化していくことも重要です。こうした取り組みを通じて、企業における人手不足が解消し、国内景気がいっそう上向いていく基盤につながっていくと考えられます。

5章 註釈

2-1 第二百十回国会における岸田内閣総理大臣所信表明演説。全文は首相官邸ホームページで閲覧できる(https://www.kantei.go.jp/jp/101_kishida/statement/2022/1003shoshinhyomei.html)

2-2 IMD、World Digital Competitiveness Ranking 2022(https://www.imd.org./wp-content/uploads/2023/03/digital-ranking-2022.pdf)

2-3 帝国データバンク、「DX推進に関する企業の意識調査(2022年9月)」(2022年10月28日発表)

3-1 都心店、準都心店を除く通常店の価格

3-2 1月時点のデータは、1ドル=147・86円で求められている

5-1 帝国データバンク、「TDB景気動向調査2023年11月」(2023年12月5日発表)

5-2 帝国データバンク、「人手不足に対する企業の動向調査(2024年1月)」(2024年2月26日発表)

5-3 帝国データバンク、「企業における人材確保・人手不足の要因に関するアンケート」(2023年5月17日発表)

5-4 詳しくは、窪田剛士、「特集2 人材の採用と定着『本気解決　採用』」、『弥報 Magazine』2023年6月号(第28巻第1号)を参照

6章

数字の錯覚（マジック）を見破る

◉老後資金

◉名目賃金

◉可処分所得

◉社長輩出率……

01

老後に「2000万円必要」は本当!?

2019年、金融庁が公表した報告書[1]をめぐり「老後2000万円不足」問題が大きな話題となったことをご記憶の方も多いのではないでしょうか。さまざまなメディアが「老後資金に2000万円不足」などと取り上げたことで、年金不安とからみ、いわゆる炎上状態の様相を呈していました。

この**2000万円不足という金額の根拠は、総務省「家計調査」に記載の「高齢夫婦無職世帯の家計収支」[2]がベースとなっています。**2017年の毎月の実収入額（20・9万円）と実支出額（26・4万円）を比較して、その差額（5・5万円）を〝毎月の赤字額〟と捉えて、金融資産から30年で約1963万円を取り崩すことが必要になる、というものでした（図表6―1―1）。

しかしながら、こうした議論には次のような問題があります。

老後に足りない金額は毎年変わる？

	実収入額（円）	実支出額（円）	消費支出	非消費支出	差額（月間、円）	差額（30年間、万円）	貯蓄現在高（万円）
2015年	213,379	275,706	243,864	31,842	-62,327	**-2,244**	2,427
2016年	212,835	267,546	237,691	29,855	-54,711	**-1,970**	2,443
2017年	209,198	263,717	235,477	28,240	-54,519	**-1,963**	2,484
2018年	222,834	264,707	235,615	29,092	-41,873	**-1,507**	2,344
2019年	237,659	270,929	239,947	30,982	-33,270	**-1,198**	2,317
2020年	257,763	259,304	227,347	31,957	-1,541	**-55**	2,335
2021年	237,988	260,094	228,305	31,789	-22,106	**-796**	2,488
2022年	246,034	271,890	239,441	32,449	-25,856	**-931**	2,519

※夫65歳以上、妻60歳以上の夫婦のみの無職世帯
出所：総務省「家計調査」（家計収支編、貯蓄・負債編）より著者作成

図表6-1-1　高齢夫婦無職世帯の実収入・実支出・貯蓄現在高

一、家計調査の平均支出額は「老後の生活に必要な額」とは関係がない
二、平均収入と平均支出の差額には「不足」という意味合いはない
三、金融資産について議論する時、平均値は適切な指標ではないケースが多い。むしろ中央値や最頻値を用いることが重要となる

この平均支出額は、〝2017年の高齢夫婦無職世帯は平均すると月26・4万円使うことができる収入と蓄えがある〟ということを意味しているだけです。高齢無職世帯の経済力の差は、主に資産額の差に依存します。多くの資産をもつ世帯が非常に多

くの支出を行うと、平均値は世間一般的な値から大きく引き上げられてしまうでしょう。実際に、家計調査では貯蓄額も調査されています。これをみると、高齢夫婦無職世帯は平均2348万円の貯蓄を有しています。したがって、2017年に平均して約21万円の収入と2300万円超の貯蓄のある高齢夫婦無職世帯は、1カ月で平均26・5万円を支出している、ということを表わしているに過ぎないのです。

不足するのは30年間で55万円？

こうした数字の捉え方を誤ると、思わぬ落とし穴にはまり込む可能性があります。例えば、全く同様の方法で2020年の家計調査のデータを用いて計算すると、不足額はいくらになるでしょうか。図表6―1―1をみると、実収入額25万7763円に対して実支出額は25万9304円であり、毎月1541円の〝赤字〟、30年間では55万円の不足となります。つまり**「老後2000万円不足」問題はわずか3年で「老後55万円不足」問題へと変わっていたのです。**

もちろん、2020年は多くの特殊事情があったことは確かです。実収入では、すべての国民を対象として特別定額給付金が支給されたことの影響は大きかったと言えます。また、実支出では、直接税などの非消費支出が増加した一方、消費支出は前年比で5・3％減少していました。特に、新型コロナウイルスの感染拡大防止のため外出自粛が要請されたなかで、外食費（同36・6％減）や宿泊費（同54・3％減）、パック旅行費（同69・1％減）などは、家計支出を減少させる大きな要因となりました。こうしたことが高齢夫婦無職世帯の家計収支に大きく影響したと言えるでしょう。

しかし、このような特殊事情が今後も当てはまるとは考えにくいでしょう。多くの読者もこの2020年の計算結果をもとに「老後を生きるために55万円の貯蓄が必要だ」とは考えないのではないでしょうか。それは2017年でも同様です。そのため、この計算によって「老後2000万円不足」というのは無理があるのです。

他方、2021年の家計収支のペースだと、貯蓄額2488万円に対して、30年間で取り崩す額は796万円になります。さらに2022年はそれぞれ2519万円、931万円です。この貯蓄額と取り崩し額の差は30年後に残る貯蓄額ということになります。2015年はこの差があまりなく、30年間で貯蓄を使い切る家計収支でした。それに対して、2021年は30年後に約1692万円、2022年は約1588万円が残る計算です。

もちろん、人生100年時代を踏まえて、65歳から30年を超えて長生きする場合に備えるために残していると解釈することもできるでしょう。しかし、2022年のペースだと貯蓄額を使い切るのにおよそ81年程度かかります。また、この間にどちらかが死亡し、高齢単身世帯になるとさらに長い期間をかけて貯蓄を取り崩していくことになるでしょう。

この騒動は、数字が一人歩きすることの怖さを示す典型例ではないでしょうか。現在でも一部メディアで「老後2000万円不足」などの見出しが使われます。金融庁の報告書は本来、超高齢社会における金融サービスのあり方や、家計の安定的な資産形成の実現に向けてNISA制度の恒久化などが最大の焦点となるはずでした。しかし、結果として、本来の目的に沿って議論が進まないばかりか、冷静に行うべき年金や個人投資に関する制度議論にも遅れを生じさせるものとなりました。

私たちはこうした不安を喚起《かんき》する情報に惑《まど》わされないことが重要です。そして、老後のライフスタイルは自らの資産と収入に合わせて決めていくことが大切です。そのための準備は、現役時代から始めていくべきでしょう。

02

数字のインパクトに踊らされない

「数字のインパクトに踊らされない」。皆さんはこの言葉からハッと思い出すようなことはあるでしょうか。日常生活や仕事のなかではさまざまな数字が飛び交いますが、冷静な判断を下すためには割合と数のバランスを理解することがとても重要です。

この項で強調したいポイントは**「割合をみたら数を確認し、数をみたら割合を確認する」ということです。**

まず、割合について考えてみましょう。割合とは、全体に対してそれが占める分量、または他の数量に対するある数量の比率のことです。これを理解することで大局をみる力が身に付いてきます。例えば、新しいプロジェクトでの成果が5％向上したとしましょう。これがどれだけ大きな進歩なのかを正確に評価するとき、割合をみることにより全体の中での位置付けを把握しやすくなります。

一方で、数を確認することも欠かせません。割合だけをみていると、その背後にある実際の数が見落とされがちです。例えば、売り上げが前月比で10％増加していた場合であっても、同時に、それが具体的に何円の増加なのかを知ることが必要です。数を確認することで、実際の量を正確に把握し、数字の裏に潜む真実を見逃さないようになります。

割合と数のバランスを理解することは、情報の適切な解釈にもつながります。例えば、ある統計から「平均所得が上昇した」という情報をみたとしましょう。これが全体の平均であるならば、一部の人が大きな収入を得ている可能性があります。一方で、中央値や分位数をみることで、所得の不平等なども考慮できます。割合や数の背後にある情報を見逃さず、より深い理解を得ることにつながるのです。

ビジネスの分野では、投資やリターンの評価においても割合と数の両方が重要です。収益率や利益率を計算することで、投資先やプロジェクトの成果を客観的に比較できます。同時に、これがどれだけの金額につながるのかを確認することで、経済的な意思決定をより着実に行えるようになるでしょう。

また、社会的な問題に対する理解や対応においても、割合と数のバランスが求めら

割合と数をバランス良く理解しなければ、適切な解釈を妨げる

例

広告を出稿した結果、商品Aの売上高が２倍に拡大！
商品Ｂは10％増だった
この広告効果は商品Aの方が大きいと解釈しても大丈夫!?

実は商品Aの売上高は
１万円が２万円に増えていた

商品Ｂの売上高は**1,000万円から**
1,100万円に増加していた

割合だけを見ていると
誤った判断になる可能性。
数の確認も同時に行うべき

- 「割合」の計算は気軽にしてしまいがちだが
- 「分母の数」と「分子の数」という二つの数を一つの「割合」という数にまとめてしまうので、当然情報が失われる
- どういう情報が失われているのか、それは無視しても差し支えないのか、に常に気を配る必要がある

江崎貴裕著『分析者のためのデータ解釈学入門』ソシム（2020年）

図表6-2-1

れます。例えば、貧困率が低下しても、その裏には依然として多くの人々が貧困に苦しんでいる可能性があります。割合を見るだけでなく、具体的な数値を確認することで、社会的な課題に対してより具体的かつ効果的なアクションを起こすことができるのではないでしょうか。

さらに、メディアのほか情報が洪水のように溢《あふ》れる現代社会においては、情報の信《しん》憑性《ぴょうせい》を判断するためにも割合と数のバランスを意識することが必要です。例えば、ある記事が「驚くべき成長を遂げた」と言っていたとしても、それが実際にどれほどの成長なのか、具体的な数値を確認することで客観的な判断ができます。特にアンケー

ト調査の結果を報じるニュースにおいては、割合を計算した分母の大きさも同時にチェックしておきましょう。「2倍に増えました」というだけでは、それが1件から2件に増えたのか、1万件から2万件に増えたのかが分かりません。このボリュームの違いは、その後に行うべき対応策などにおいても大きく異なってくるはずです。

「2倍に増えました」にだまされる？

特に、学校を卒業したばかりの若者にとって、これらのスキルを身に付けることは、日常生活だけでなく、仕事における意思決定にも大いに役立つでしょう。数字の魅力やインパクトに振り回されず、客観的かつ総合的な視点をもつことが、成功につながる重要なスキルになるからです。

割合と数のバランスを理解することは、個人的な成長や対人関係においても重要です。例えば、友人や同僚との協力プロジェクトで、ある人が全体の仕事量のうちでどれだけの割合を担当しているのかを知ることで、公平な評価ができるようになります。一方で、その具体的な数も重要であり、各自の貢献度を正確に捉えることにつながるでしょう。

このスキルはまた、データ分析やデータサイエンスの分野においても非常に役立ちます。数値データのなかから傾向やパターンをみつけ出す際には、割合を考慮することでより深い分析が可能です。データに基づいた意思決定が求められる現代社会において、これらのスキルはますます価値が高まっています。

総じて、**割合と数のバランスを理解することは、単なる数字の集まりを越えて、その背後にある意味や影響を見抜く力を身に付けることを意味します。**これにより、情報に裏打ちされた正確な判断が可能となり、自分の人生や仕事においてもっと効果的かつ持続可能な選択をする手助けとなり得るのです。

数字には常に文脈があります。割合と数を同時に考えることで、その文脈を理解し、より広い視野から物事をみる力を養うことができるようになります。これは多くの人たちが新しい状況に適応し、さまざまな情報に取り組む際に非常に役立つスキルです。

割合と数のバランスを意識しながら、冷静な判断力を磨いていきましょう。

03

惑わされない、怪しいデータの見分け方

『予想どおりに不合理――行動経済学が明かす「あなたがそれを選ぶわけ」』[1]などの著書で有名な行動経済学者であるダン・アリエリー氏が過去に共著で執筆した研究論文の一部に、データ捏造《ねつぞう》の疑いがかけられたことがありました。

2012年に著者たちは、不正を減らす方法についての研究を発表しました[2]。そのなかで、回答者が正直に回答する割合に影響を与える要素として、「正直に回答することを約束する」という署名の位置が示されました。

著者たちは、自動車保険会社がもつ顧客の自動車走行距離のデータを使用してフィールド実験を行いました。顧客に所有する自動車の走行距離を申告させ、回答用紙の最初の位置に「正直に回答することを約束する」と署名するグループと、回答用紙の最後に同様の署名をするグループで顧客をランダムに割り振りました。

この実験では2万人に回答用紙を送り、1万3488人から回答を得ています。自動車の走行距離は前年にも顧客に申告させており（前年の署名のグループは分かれておらず、全員同じ形式の回答用紙）、現在の走行距離から前年の走行距離を差し引いて、過去1年間の走行距離を計算するという方法で行っていました。

調査の結果、回答用紙の最初に署名するグループは、最後に署名したグループよりも1年間の走行距離が約2400マイル（10・25％）長いことが分かりました。走行距離が長いほど事故のリスクが高まるため、顧客は短い距離を報告するインセンティブがある可能性があります。つまり、この実験から、回答者が最初に署名することでより正確な数値を引き出せることが示されたのです。

しかし、後年に行われた同様の実験（Kristal et al.,2020）では、2012年の結果が再現されませんでした[3]。また、2012年の自動車の走行距離の実験データを改めて調べ直したところ、最初に署名したグループよりも最後に署名したグループの走行距離が最初に報告されたものよりも約1万5000マイルも長いことが分かりました。

グループの割り当てはランダムに行われたので、このような大きな違いが出るはずはありません。したがって、Kristal et al.,2020は、２０１２年の論文（Shu et al.,2012）に掲載された自動車の走行距離に関するフィールド実験では、**グループ間でのランダム化に失敗していた可能性を指摘したのです。**

「捏造」はどこで分かる？

その後、匿名《とくめい》の研究者たちが自動車の走行距離データを分析し、データが捏造された可能性が浮上しました[4]。

この匿名の研究者の分析では、データが捏造されていると考えられる理由を3つあげています。これらの理由が非常に分かりやすく興味深いため、ここで簡単に紹介したいと思います。

第一に、走行距離のデータ分布が異様であったことです。通常、自動車の走行距離は山なりの形を示すはずですが、２０１２年のデータでは0マイルから5万マイルまでほぼ均等に分布していました。さらに、5万マイル以上のデータは見当たらなかったのです。

第二に、走行距離の下3桁《けた》の数字が不自然だったことです。通常、走行距離のような数値は下3桁をある程度まるめて報告されますが、2012年のデータでは前年の走行距離において「000」や「500」などの数値が非常に多く見られました。一方で、1年後のデータでは下3桁が均等に分布していることが分かりました。

第三に、同じデータに異なるフォントが使用されていたことです（双子データ）。前回の自動車走行距離のデータは、「Cambria」と「Calibri」という2つの異なるフォントに分かれていました（もとデータはエクセルブック形式で公開）。両者のデータはほぼ同数であり、また、走行距離の累積分布関数を比較するとほぼ一致していました。さらに、「Cambria」のデータの下3桁は均等に分布していたのですが、「Calibri」のデータでは「000」と「500」の数値が目立っていました。これはもともとあった「Calibri」のデータを複製し、それにランダムな数値を追加して「Cambria」のデータを捏造した可能性を示唆しています。

これらの理由から、後年の実験では同様の結果が得られず、2012年のデータに問題がある可能性が浮上することとなったのです。

特に、自動車走行距離の分布が通常ではない形で、下3桁の数字に不自然さがみられ、さらに異なるフォントが同じデータに存在することが明らかになりました。これらはデータ捏造の兆候として注目されています。

こうした事実が示すように、**データ分析を始める前には、データの傾向や統計情報を確認することがとても重要です。**

異常なパターンや不自然な特徴に注意することは、科学的な研究や統計分析において大切なことです。また、この事例からも分かるように、統計的な側面だけでなく、データがどのように作成されたのかということや、そのプロセスにも注意を払う必要があります。

データの正確性や信頼性が問われる場合には、十分な検証と透明性が求められるでしょう。

04

給与明細の数字は増えているのに生活の豊かさを実感できない

給与明細の数字が増えているのに、生活の豊かさを実感できないことはよくあります。

この状況を理解するためには、「名目賃金」と「実質賃金」の違いを考える必要があります。名目賃金は表面上の給与であり、数字が上がっているかもしれませんが、実際の生活水準を評価するには実質賃金を考慮することが不可欠です。

まず、名目賃金について考えてみましょう。

これは具体的な金額のことを指します。例えば、月給が20万円から25万円に増えたとしたら、これが名目賃金の増加です。これを喜ぶのは自然な反応ですが、これだけで生活の向上が保証されるわけではありません。

名目賃金の増加だけでは、物価の変動を考慮していません。実質賃金は、名目賃金から物価の上昇を割り引いて計算することになります。

名目賃金が増えたとしても、物価が同時に上昇していれば、同じ1万円でも商品を購入したりサービスを利用したりできる量が減少し、実質的な購買力が低下している可能性があります。つまり、実質賃金とは名目の賃金がもつ実際の購買力を示すものです。これが「名目賃金と実質賃金の違い」です。見た目の賃金が上がっていたとしても、生活の充実感が得られないのは、実質的な賃金が上がっていないためと考えることができます。

もう一つ考えるべき要素は、生活の変化にともなう支出の増減です。

給与が上がっても、生活様式が変わり、新たな支出が発生することがあります。これを考慮しないと、給与が増えたはずなのに生活が改善されていないと感じることがあります。

また、給与を会社から銀行振り込み等で受け取る場合、支給される給与から所得税や住民税、社会保険料などを差し引いた可処分所得（いわゆる手取り収入）が、賃金が増えたかどうかを実感する金額でしょう。

給与明細に記載された数字が増えても、実際の生活水準を向上させるためには、物価上昇や生活の変化にともなう支出、そして実質賃金の視点からも給与を評価することが必要です。

これによって、給与の数字だけでなく、実際の購買力や生活の質をみる目が養われ、より賢明なお金の使い方の選択ができるようになります。

名目賃金の上昇にともなって、節約や投資を通じて実質賃金を最大限に活用することが可能です。まず、節約の観点からみると、生活必需品やサービスのコストを見直し、無駄な支出を削減することがあげられます。予算をたて、計画的に支出することで、名目賃金の増加分を有効に活かし、実質的な収入の向上を実感できるでしょう。

また、投資を考えることもより良い選択になり得ます。定期預金や投資信託などを通じてお金を増やすことで、将来の生活の安定性を高めることも可能です。ただし、投資はリスクもともないますので、注意深く計画をたて、専門的なアドバイスを受けることが大切です。名目賃金の上昇を通じて余裕が生まれた時、将来のための資産形成により、生活の質を向上させる手段のひとつとして頭の片隅に入れておいてはいかがでしょうか。

手元に残るお金を「最大化」するには？

一方で、給与の数字が増えても生活の充実感を得るためには、お金以外の要素も重要です。

仕事のやりがいや自己成長の機会、ワークライフバランスの充実度なども生活の満足度に影響を与えるでしょう。賃金だけでなく、これらの要素も総合的に考慮することで、給与の増加が本当に生活を豊かにするかどうかを見極めることにつながります。

実質賃金の視点から給与を見直す際、税金の影響も忘れてはいけません。

給与が増加した場合、所得税などもそれにともない上昇します。しかし、一部の支出に関しては税額控除の対象になることがあります。例えば、教育費や住宅ローン、医療費などの支出は、税制上の優遇を受けられる場合があります。このような制度を知り、適切な手続きを行うことにより、手元に残るお金を最大化するよう見直してみるのも良いでしょう。

給与明細の数字が上昇しても生活の豊かさを実感できない場合、名目賃金と実質賃金の差異を理解し、節約や投資を含むさまざまなお金の使い方を学ぶことが大切です。お金の管理と同時に、仕事に対する価値観や生活全体の充実度も考慮し、バランス良く進んでいくことが、持続的な生活の満足感を築く手助けとなるのではないでしょうか。

最後に、名目賃金の増加による給与アップが、将来のキャリアやスキルの向上にもつながることを意識しておくことも大切です。

資格取得やスキルアップの投資は、将来の収入を向上させる手段となります。名目賃金の増減に一喜一憂するだけでなく、それをもとに自分自身を成長させることで、より充実した未来を築く一助にもなり得ます。

生活の豊かさは人それぞれの価値観や幸福観にも大きく影響されます。名目賃金と実質賃金の違いを理解することが重要です。そして同時に、給与が増えた時には一度立ち止まって、数字だけでなく自分の目指す未来や人生のバランスについても考えなおしてみることで、より満ち足りた生活を築くことができるのではないでしょうか。

05

社長輩出率トップの都道府県は？

社長輩出率とは、各都道府県で生まれ育った人物が企業の社長になる割合を指すものです。これはその土地のビジネス環境や教育体制が、企業リーダーを輩出しやすいかどうかを捉えることができる指標と言えるでしょう。

都道府県別の社長輩出率（出身都道府県別の社長数÷各都道府県人口×100）をみると、2023年は福井県が1・37％で全国トップとなっていました[1]（図表6―5―1）。1982年から42年連続でトップを維持しています。国内生産の9割以上を担う眼鏡フレーム関連業者や、繊維関連企業など独立資本の企業が多いためとみられます。

福井県では地域資源を活用した新たな取り組み（商品開発・販路開拓など）に対して、助成などを行う制度や、地域産業の振興・経済の活性化に貢献した中小企業を表

社長になる人は福井県出身が42年連続トップ

2023年順位	出身地（県）	社長輩出率（%）
1	福井	1.37
2	徳島	1.21
3	山梨	1.18
4	山形	1.16
5	富山	1.14
6	新潟	1.09
7	香川	1.07
8	愛媛	1.06
9	島根	1.06
10	石川	1.04

図表6-5-1　都道府県別の社長輩出率

彰する制度などを設けています。こうした中小企業やベンチャー企業を支援する動きも活発であり、若者世代の起業活発化が図られ、社長の平均年齢の若返りが期待されるなど、若者たちが成長し、地元企業のトップに立つ可能性が高まる地域と言えるのではないでしょうか。

社長輩出率が2番目に高いのは、徳島県の1・21%です。10年前の2013年は10位だったのですが、5年前（2018年）には5位へと上昇し、2年前（2021年）に3位、そして2023年に2位へと浮上してきました。社長輩出率の定義から、人口が減少するとその割合が高まる一因となり得ますが、徳島県は2021年以降、社長の人数自体が増加してきており、その結果として社長輩出率も上昇していました。

数字を動かすのは「女性」？

実は、徳島県にはもう一つ大きな特徴があります。社長全体に占める女性の割合が12・0％と全国で最も高くなっていることです[2]。前年から0・4ポイント上昇し2年連続のトップとなっていました。さまざまな捉え方ができますが、古くからの言い回しで〝讃岐《さぬき》男に阿波《あわ》女〟という表現もあるように、地域の特色が表われているとも言えるかもしれません。

女性社長比率は、徳島県など四国地方をはじめ、西日本エリアを中心に高くなる傾向がみられました。また、2013年以降首位が続いていた「沖縄県」は11・6％（前年比横ばい）となり、11年ぶりにトップから退《しりぞ》く格好となりました（前年は徳島県と同率1位）。一方で、14年連続で最も低かった「岐阜県」（6・0％、同0・2ポイント上昇）を筆頭に、製造業が集積している中部地方では低調な結果が続いています。いわゆる「女性管理職30％目標」が２０１３年に政府から明確に打ち出され、12年目に入っています。当初は２０２０年が目標の期限でしたが、〝２０２０年代の可能な限り早期〟に修正されるなど、進捗《しんちょく》は芳《かんば》しくありません。対策の一つとして、２０２３年６月に打ち出された「女性版骨太の方針２０２３」では、プライム上場企業に対して２０３０年までに女性役員比率を30％以上にするよう求めています。このような目標設定や法整備などを含めて女性活躍に向けた施策が講じられ、これまで以上に女性リーダーを増やそうとする動きが強まっています。

しかし、日本全体の社長に占める女性の割合はまだ低いという現実があります。女性社長比率は全体の中で依然として１割未満であり、これは女性が企業のトップに立つハードルが高いことを示唆しているのではないでしょうか。

女性社長の就任経緯をみると、その一端を知ることができます。２０２３年の女性社長のうち、「同族承継」による就任が50・６％と全体の半数以上を占めていました。男性社長の40・２％と比較して10ポイント以上も高く、女性社長における中心的な就任経緯となっています。次いで「創業者」が35・２％で２番目に多くなっています。男性社長の40・１％より４・９ポイント低い水準です。「女性版骨太の方針２０２

3」において女性起業家の育成・支援が打ち出されるなど、さまざまな施策が出始めていますが、女性の起業に関する動向が注目されるところです。

女性活躍に関しては、企業や社会全体での課題も浮き彫りになっています。男女平等な社会を目指すなかで、女性のリーダーシップがいかに重要であるかを理解し、女性が経営者として活躍できる環境を整えることが求められています。

全国の女性社長比率は、2023年に過去最高を更新しましたが、依然として1割を下回る水準です。帝国データバンクの調査[3]では、女性管理職の平均割合は前年から0・4ポイント上昇し9・8％となりました。いずれの調査も「過去最高ながら低水準」の局面にあり、拡大こそしているものの社長や管理職などを含めた女性リーダーの輩出は芳しいとは言い難い状況と言えるかもしれません。

しかし、女性社長の割合が増えることは、企業内での意思決定の幅が広がり、新しいアイデアや価値観を組織に取り入れることにつながることが期待されます。多様性がイノベーションをもたらすことに加えて、地元の強みを最大限に活かし、地域の課題に向き合うことにより、企業だけでなく地域社会の発展にも寄与できるのではないでしょうか。

6章　註釈

1-1　金融庁金融審議会　市場ワーキング・グループ報告書、「高齢社会における資産形成・管理」、2019年6月3日

1-2　高齢夫婦無職世帯は、夫65歳以上、妻60歳以上の夫婦のみからなる無職の世帯のこと

3-1　ダン・アリエリー著、熊谷淳子訳、『予想どおりに不合理——行動経済学が明かす「あなたがそれを選ぶわけ」』、早川書房、２０１３年

3-2　Shu, L. L., Mazar, N., Gino, F., Ariely, D., and Bazerman, M. H., (2012), "Signing at the beginning makes ethics salient and decreases dishonest self-reports in comparison to signing at the end", *Proceedings of the National Academy of Sciences*, 109 (38), pp.15197-15200

3-3　Kristal, A.S., Whillans, A.V., Bazerman, M.H., Gino, F., Shu, L.L., Mazar, N., Ariely, D., (2020), "Signing at the beginning versus at the end does not decrease dishonesty", *Proceedings of the National Academy of Sciences*, 117 (13), pp.7103-7107

3-4　以下のサイトでデータ捏造の疑義に関する詳細や、実際にShu et al. (2012)で使われたデータセットが公開されている。また、今回のデータ捏造の疑義についてのアリエリー氏および共著者からのコメントも掲載されている(http://datacolada.org/98)

5-1　帝国データバンク、「福井県社長分析調査（2023年）」（2024年5月20日発表）
5-2　帝国データバンク、「全国『女性社長』分析調査（2023年）」（2023年11月29日発表）
5-3　帝国データバンク、「女性登用に対する企業の意識調査（2023年）」（2023年8月17日発表）

7章

数字の意外さをみる

◉インフレ

◉物価

◉家計支出

◉猛暑効果

◉タイパ

◉幸福度……

01
タイムパフォーマンス、1秒でできること

皆さんは「タイムパフォーマンス」（略して「タイパ」とも呼ばれる）という言葉をご存じでしょうか。

国語辞典などを手がける三省堂の発表した「今年の新語　2022」では「タイパ」がその年の大賞に選ばれていました。いわゆる時間対効果のことですが、選考会は「世の中は活字文化から動画文化へと移行しています。その時代を生きるためには、タイパの向上が不可欠になるのかもしれません」と評しています。映画や動画を早送り再生で視聴することもその表われかもしれません。「時間の価値」に対する人びとの意識を反映していると言えるでしょう。

「1秒」でできることを改めて考えることは、タイパ重視という観点からもかつてなく高まっているのではないでしょうか。

1秒ってどれくらいの時間だと思いますか？　1秒は短いようで実はとても貴重な時間です。

この1秒のなかで、さまざまな出来事や決断が生まれ、特にビジネスや日常生活において、この時間が大きな影響をもっていることがあります。

「チャンス」を逃さずにつかんでいくには？

まずは、1秒で何が起こるのか、ということを考えてみましょう。1秒の間に起こる出来事によって、ビジネスや商品の成功が左右されることがあります。例えば、ある商品が1秒に何個売れているかという数字は、その商品の需要や人気を示す重要な指標です。もし1秒間でより多くの商品が売れているなら、それは商品が市場で受け入れられている証拠であり、その商品は高いニーズを有していると言えるでしょう。

なぜなら、**人は1秒で商品やサービスを評価し、購入の判断を下しているからです。**

例えば、ウェブサイトのデザインや広告、商品のパッケージなどが1秒で与える印象が、購買意欲に大きな影響を与えます。

「１秒でつかみ、１秒も飽きさせない[1]」ことがあらゆる商品のマーケティングや企業の競争戦略において必須となっている現代において、商品やサービスは最初の１秒で顧客にアピールする必要があるのです。

２つ目として、タイパのデータ分析もあげられます。

データ分析は、１秒という瞬間に起こるさまざまな出来事を理解し、それをもとに戦略を練る上で欠かせないツールとなります。事業を取り巻くさまざまなデータを１秒ごとに蓄積して、ビジネスの意思決定や改善に活用することは「データ駆動」と呼ばれています。

例えば、ＥＣ（電子商取引）サイトでは１秒ごとのアクセス数や購入数を分析し、ピークタイムや人気商品を把握することで、効果的な販売戦略を展開できます。これによって、商品の在庫管理やキャンペーンの最適化が可能となります。こうしたデータ駆動によって、迅速《じんそく》かつ効果的な戦略を展開することができるのです。そのために、数百人規模で経済学者を雇用し、分析を行っている企業も多く現われています。

３つ目として、１秒のなかにはビジネスのチャンスが潜んでいることもあります。

例えば、ＳＮＳの投稿が１秒で何回シェアされるかによって、その情報が広がるスピードが変わってきます。1秒で興味を引くようなコンテンツや情報発信ができれば、それが拡散されることで新たなビジネスチャンスが広がっていく可能性に注目すべきでしょう。

4つ目は、タイムパフォーマンスの最適化があげられます。

企業や個人として、1秒でできることを最大限に発揮することが重要という考え方です。例えば、ウェブサイトの読み込み速度を速くすることで、訪れたユーザーが待ち時間を感じずにサイトを利用できるようになります。

かつて通信速度が56k〜64kbps程度だった頃は8秒以内にウェブコンテンツを表示できることが基準となっていましたが、ADSL（一般的な電話回線を使って高速データ通信を可能にした技術）が普及し始めると3秒に縮まり、光回線が主流となり自宅でも高速通信が可能となった現時点では「1秒ルール」に変化しています。これがユーザーエクスペリエンスを向上させ、サイトの成功へとつながる要素となってきていると考えられます。

5つ目として、意識的に1秒を使う方法について考えてみましょう。

1秒といえども、私たちの行動や決断にはその時々の意識が深く影響します。意識的な1秒の使い方は、個人やビジネスにとって一段と重要性を増していると言えるでしょう。

例えば、毎日1秒ずつを使って新しいスキルに関するトレーニングを続けることで、長期的な成長やキャリアの向上にもつながっていくでしょう。このように、短時間でも積み重ねることで大きな変化が生まれてくるはずです。

繰り返しになりますが、改めて1秒の重要性を理解しましょう。

1秒は短い時間に思えますが、「1秒でできること」は、意識的な行動やデータ分析、最適化などを通じて、私たちの生活やビジネスにおいて大いなる影響をもっています。商品の売れ行きや購買の判断、データ分析、そして最適化など、1秒のなかにはさまざまな情報が詰まっています。これらを理解し、1秒のなかに潜む可能性や課題をみつけ出し、最適なアプローチを選択することができるように努力したいところです。大事なのは、その1秒をどう使うか。1秒をみつめなおし、その瞬間に潜むチャンスを逃さずにつかんでいくことで、新しい可能性が広がります。

タイムパフォーマンスを最大限に引き出すことで、ビジネスや個人の成果を飛躍的に向上させてみませんか。

02

収入が増えても幸福度は上がらない

「幸福」とは何でしょうか。かつて、明石家さんまさんが「しあわせって何だっけ」という歌を出し、テレビCMでもタイアップされるなどヒット曲となりました。その後もさまざまな企業が「幸せ」をテーマにした広告を打ち出すなど、私たちにとって常に考えさせられる難題ではないでしょうか。

とりわけ、2011年11月にブータン国王夫妻が日本を訪れ、その際に注目されたのが「ブータンは幸せな国」という話でした。ブータンでは国勢調査で国民の約96・7％が「幸福だ」と回答し、その様子が話題になりました。この出来事を通じて、豊かな経済だけでなく「国民の幸福度」という観点も大切だと再認識されることとなったのです。

1970年代に所得の上昇が必ずしも幸福感に結び付いていないという「幸福のパ

ラドックス」が唱《とな》えられて以来、幸福に関する研究は盛んに行われています。年間所得が1万~2万ドルを超える頃から、所得が増えても幸福度は高まらず、頭打ち、さらには低下するという現象です。

日本の研究[1]では、**所得が増加するにつれて、主観的幸福度が増加するが、所得の増加率ほどには主観的幸福感は増加せず、その変化率の比も1100万円で最大となった、という結果もみられます。**物質的な条件だけでなく、精神的な条件にも焦点が当てられ、人びとの幸福感を判断する要因は個人間である程度共通していることが分かってきています。

国際的な幸福度調査から得られた結果によれば、経済発展の初期段階では所得の上昇が幸福度向上に寄与しますが、成長が進むにつれてその影響は薄れ、やがて影響を与えなくなります。

2008年に行われた「世界価値観調査」によれば、豊かな国では富を得ることで生き方を選択でき、社会の寛容度が大きく作用しています。逆に貧しい国では地域の絆《きずな》や信仰心、愛国心が幸福感を補っているとされています。

日本においても経済成長が幸福度に与える影響は薄れている可能性もありますが、

直近（2023年10～12月期）の名目国内総生産（GDP）は20年前と比べて13％程度の上昇となっており、経済成長と幸福度の関係についてさらなる検証が待たれます。

また、脳科学の研究によれば、脳が最も幸福を感じるのは〝家族〟であるとされています。幸福度に関する研究は、人びとが幸福を感じる要因を解明することを意味しており難しい課題ですが、成功すれば社会に大きな貢献をすることが期待されます。

実は、GDPは戦争を遂行するために開発されました。当時、GDPの開発において方法論をめぐる激しい論争が起きていました。開発責任者は当初、GDPによって単なる生産量ではなく、国民の経済的な豊かさを測定することを目指していましたが、米国政府は、政府が支障なく財政政策を運用できるデータを作成することを目的としていました。政治的争いの結果、戦争を見据えた政府側の現実路線が勝ちを収めることとなったのです[2]。

この決着は現在のGDP統計にも引き継がれており、GDPでは捉えきれていない国民の豊かさや幸福度を測る指標作成の試みにつながっていることも見逃せません。戦争を機に生まれたGDPは自然現象と異なり人為的に作られたものですが、時代の変化や新しい経済システムを取り入れながら、現在も改良され続けていると言えるでしょう。

「幸福度」はどう測る?

もう一つ、所得と幸福度の関係性について紹介しましょう。宝くじの高額当選と幸福度です。日本のくじも最高当選額が数億円にのぼるものが増え、当選者の人生を左右するケースも増えています。

最近の経済学の研究では、宝くじに当選した人は消費行動だけでなく、幸福度やメンタルヘルス、寿命にも影響があることが明らかになっています。ハーバード大学(米国)のインベンス教授らの研究によると、高額当選者は当選すると勤労意欲を減らし、仕事をしない確率を高めることが明らかとなりました。その程度は、宝くじの1年当たり当選額の11%の勤労所得を減らすほどだと言います。また、消費行動も変化し、当選から10年ほど経ったところで受け取り金額の16%を貯蓄し、車には1%、住宅には4%程度を使っていました。

また、ウォーリック大学（英国）のオズワルド教授らによると、当選から2年程度経過した段階で当選者のストレスは軽減し、くじに17万円以上当選するとメンタルヘルスも改善するという結果が得られていました。さらに、ストックホルム大学（スウェーデン）のリンダール助教授の研究結果でも、高額の宝くじに当選すればするほど、メンタルヘルスが良くなり、肥満が減り、5年後10年後の死亡率が低下することが示されていました。

宝くじに当選すると、労働供給行動や消費行動、幸福度や健康までも変わってきます。政治的には、シンガポールの南洋理工大学のポータヴィー助教授らの英国のデータを使った研究によると、8万円程度の当選額であっても、宝くじの当選者は現状の資産分配が公正に行われていると考える割合が高まり、保守的な政党を支持する程度が高まっていたそうです。つまり、所得再分配に対して否定的になり、より保守的な政治思想をもつようになっていくようです。

日本でも「幸福度」に関する研究が進められてきました。経済指標だけでなく、住民の満足度を測る手段として注目されており、自治体も幸福度に焦点を当てた施策を検討しています。例えば、東京都荒川区では「荒川区民総幸福度」をアンケートなどにより計測し、区民の幸福実感が更に向上するような、より良い区政運営につなげていくことに活用されています。

このような取り組みは他の自治体でも行われ、都道府県などが幸福度を測り、地元住民の声を汲《く》み取る取り組みとして機能しています。

国連の『世界幸福度調査（World Happiness Report）』によると、2023年の世界幸福度ランキングで日本は47位でした。2022年の54位からランクアップした格好です。これは社会的支援や人生評価・主観満足度のスコアが向上したことが理由としてあげられていました。新型コロナウイルスやロシアのウクライナ侵攻などを受け、他国と比べて自分の国の方がまだ良いと考える人が増えたことも指摘されています。

現在、こうした幸福度をいかに経済統計に反映できるか、国連を始め、国内外のさまざまな機関が研究を進めています。困難ではありますが、更なる豊かさと幸福をかなえられる社会となっていくために、重要な課題だと考えられます。

03 気温と消費の関係

２０２３年の夏は記録的な猛暑となりました。気象庁によると、東京都における２０２３年7月の最高気温は平均33・９℃で、平年値（１９９１年から２０２０年まで30年間の平均値）より４・０℃、８月も同34・３℃と平年より３・０℃高くなっていました。また、東京都では7月と8月の猛暑日が合計22日に及び、都心における年間の猛暑日日数の最多記録を更新したのです。平均気温の上昇は家計における消費支出に加えて、企業の売上動向にも影響を及ぼします。猛暑による天候不順は、農作物の生育状況と共に、夏物商材の販売や屋外レジャーなどにも影響することになるからです。私たちは、気象条件が変わると、それに応じて消費行動も変えていくのではないでしょうか。つまり気温と消費には密接な関係があるのです。

典型的な例として、猛暑と冷夏を考えてみましょう。やはり大きな影響を受けるのはエアコンや季節商品です。猛暑が続く夏には、エアコンや扇風機の利用が増え、それにともなって電気代が増加します。ビール、清涼飲料など夏の定番商品だけでなく、紫外線対策商品やスキンケア商品などの売れ行きも押し上げることになります。また、屋内型のテーマパークやプールの利用者も増えていくでしょう。これが夏季における典型的な支出増加です。

一方で、屋外型施設では入場者数の減少のほか、秋以降の消費下押しが懸念されるなど、猛暑効果にはプラスとマイナスの両面が表われます。また、冷夏でも逆にクーラーや夏物商品の購入が減少していくという影響を及ぼします。

2023年夏の猛暑では、東京都の平均最高気温が平年並みだった時と比べて、家計支出が約466億2700万円増加する可能性が試算されていました[1]。

具体的には、「食料」では、夏バテなどの影響により食欲が低下し主食となる穀類や魚介類への支出が大きく減少しました（図表7―3―1）。一方で、飲み物への支出が大幅に増加したほか、キッチンなどで火を使わずにすむ弁当や加工食品など調理食品も増加したことで、約34億8000万円の支出増加となったもようです。「保健医療」では、猛暑対策や熱中症などによる医薬品や医療サービスなどへの支出により

「猛暑」が食欲不振となって経済に影響

支出項目		支出増減額（百万円）			備考
			7月	8月	
食料		3,480	1,477	2,003	
	穀類	-1,751	-142	-1,609	米、パン等
	魚介類	-3,165	-560	-2,604	生鮮魚介等
	肉類	185	0	185	加工肉等
	乳卵類	-203	0	-203	卵等
	野菜・海藻	-413	0	-413	大豆加工品等
	調理食品	1,769	0	1,769	弁当等
	飲料	6,834	2,180	4,654	茶類等
	外食	224	0	224	
住居		-2,196	0	-2,196	(－)家賃等、(＋)DIY等
家具・家事用品		6,070	5,023	1,047	エアコン等
被服及び履物		-1,719	-1,487	-232	(－)和服等、(＋)シャツ等
保健医療		10,594	0	10,594	医薬品、医療サービス等
教育		5,414	5,414	0	補習教育等
教養娯楽		18,435	11,658	6,776	宿泊料等
その他		6,549	1,480	5,069	理美容サービス、理美容品等
合計		**46,627**	**23,567**	**23,060**	

「冷夏」だとアイスは買わずに早くも鍋が登場

支出項目		支出増減額（百万円）	備考
食料		-1,247	
	飲料	-2,249	
	アイスクリーム	-1,433	シャーベット、氷菓を含む
	その他	2,435	米、大豆加工品等
住居		-9,015	DIY用品等
教養娯楽		-4,344	宿泊料等
その他		-4,323	理美容サービス、理美容品等
合計		**-18,929**	

〈上〉図表7-3-1　猛暑による家計消費支出への影響（東京都）
〈下〉図表7-3-2　冷夏による家計消費支出への影響（東京都）

約105億9400万円増加したと見込まれます。また、宿泊料を含む「教養娯楽」が約184億3500万円、理美容サービスや理美容用品などへの支出が約65億4900万円増加したとみられます。

「涼しい夏」はいいこと？

もう一つ事例を紹介しましょう。2017年の冷夏についての試算です。この年の8月は、日照時間が合計83・7時間で、平年値（1981年から2010年までの30年間の平均値）より85・3時間少なくなっていました。8月の日照不足は、農作物の生育状況と共に、夏物商材の販売や屋外レジャーなどにも影響しました。この冷夏による家計支出への影響は、日照時間が平年並みだった時と比べて、東京都だけで約189億2900万円も減少した可能性があると試算されました[2]。この時には、飲料が約22億4900万円、アイスクリームが約14億3300万円減少したと推計されます（図表7―3―2）。しかし一方で、豆腐などの大豆製品への支出が拡大しました。実は、冷夏ゆえに季節外れの鍋料理を作る家庭が増えたことで、その食材となる豆腐や調味料としてのしょう油などの大豆製品の消費が伸びていたのです。天候の変動は、個々の家計だけでなく、経済全体にも影響を及ぼします。特に気温が異常に高い暑さや異常に低い寒さが続く場合、エネルギーコストなどの上昇が企業に圧力をかけ、最終的には物価にも影響を与えることがあります。また、天候が変動することで、季節商品の販売タイミングも変わります。例えば、通常ならば早く終了するはずの冬物セールの時期が遅れるなど、割引セールにも影響してくるでしょう。暖冬となれば、暖房費が通常よりも低くなるかもしれません。これは一見すると良いことのように思えますが、冬物商品や冬用の衣料品などの販売が振るわなくなってしまいます。

とはいえ、**猛暑や冷夏、暖冬といった天候不順による家計支出の影響は一時的なものに終わるケースが多いのも事実です。**一年間を通してみると、家計支出は概《おおむ》ね平年並みに落ち着いていくと考えられます。というのも、たとえ天候不順で支出が増えたとしても、どこかで家計のやり繰りを行うように行動するのです。やはり「無い袖《そで》は振れない」ということでしょう。家計は、気温の変動に備えて予算のたて直しや節約術を考えるはずです。天気予報を確認して計画をたて、無理なく適切な支出を心がけることで気温の変化にも柔軟に対応することができるでしょう。

04
物価が上がると失業率が下がる

この項では、経済にまつわる面白いテーマ、「物価が上がると失業率が下がる」ということ、少し不思議に感じるかもしれない現象についてお話ししましょう。

まず、この言葉の裏に隠れた考え方を理解するために、インフレ率（物価上昇率）と失業率の関係に迫ることから始めます。

近年の労働市場は新型コロナの影響によりひどく落ち込んでいましたが、過去の状況からみると改善する傾向にありました。**2023年の有効求人倍率は2年連続で改善し、さらに完全失業率は2・6%と、5年ぶりに低下した前年と同水準でした。**

また、2023年の名目賃金は前年と比べると1・2%の上昇となっています。2022年の2・0%増から0・8ポイント低下しました。新型コロナ禍での落ち込みの反動で2022年は大きく伸びましたが、残業代やボーナスなどの伸びが前年に比べて鈍化したことが要因とみられています。

そこで、失業について整理しておきましょう。失業とは働く意思や能力がありながら、就業することができていない状態のことを言います。また完全雇用とは、現行の賃金率で働きたいと思っている人がすべて就業している状態のことです。したがって、自らの意思で就業しないことを選択している失業者（自発的失業者）や、就業までの時間的ずれによる一時的な失業者（内定を得ている学生や転職者など）を除いて、働く意思と能力をもつ労働者のすべてが現行の賃金で雇用されている状態のことを意味しています。

他方、インフレーション（インフレ）とは、物価が継続的に上昇することを言います。一般に、インフレが起こっている時は、好景気でモノがよく売れている状態にあるので、企業の業績は向上し、従業員の給料も上がっていきます。緩やかなインフレは、投資を促進したり、支払金利がインフレ分だけ目減りして借金の返済が容易になったりするなど、経済成長を促進させる要因ともなっていきます。しかし、給料の上昇が物価の上昇に追いつかないと、家計はひっ迫していきます。これは、同じ給料の金額でも同じ量を買うことが難しくなるからです。とりわけ、年金生活者などの生活は特に厳しくなっていくと考えて良いでしょう。

インフレーションの種類として、まずは需要サイドが原因となる「ディマンド・プル・インフレ」を考えることができます。これは景気の過熱が原因となって需要が供給を超える状態が続くことによって起こるインフレのことです。このインフレには、財政支出の拡大を原因として発生する「財政インフレ」、貨幣の増刷により発生する「貨幣インフレ」、銀行の過剰な貸し付けによって発生する「信用インフレ」、そして輸出が増加することによって発生する「輸出インフレ」などがあります。

次に、供給サイドで起こる「コスト・プッシュ・インフレ」が考えられます。これは、賃金や原材料費の高騰が原因となって生じるインフレのことです。このタイプのインフレとしては、賃金や原材料などの価格上昇が牽引役となって起こる「コストインフレ」、産業による成長力の違いを原因として発生する「構造インフレ」、そして他国のインフレが国内に影響することで発生する「輸入インフレ」などがあります。こうしたコスト・プッシュ・インフレの状況が長く続くと「スタグフレーション」（物価が上昇するなかで、景気が悪化している状態）に陥る可能性があるので、より注意が必要です。

インフレ率は、物価が上昇する割合を示す指標です。例えば、お菓子や洋服、ガソリンなど、日頃私たちが買い物で気にする商品やサービスの価格を総合した物価水準が、一定の期間でどれだけ上昇したかを示します。一般的に、物価が上がるということは、同じ金額でも買えるものが減り、お金の価値が下がることを意味します。

経済には「逆説的な関係」も起こる？

インフレとは反対の言葉として、デフレーション（デフレ）があります。デフレとは、物価が2年以上続けて前の年よりも低下することと定義されます[1]。

物価が継続的に下がり続けると、企業の売り上げ減少など業績の悪化を招き、従業員の賃金が低下していきます。すると消費者は財布のひもを引き締めるような行動を取り、結果として更なる値下げ圧力が続いていくという、負のスパイラルに陥っていくのです。

ひとたびデフレが発生すると、個人の住宅ローンや企業の銀行借り入れといった借金の返済額が実質的に増大するため、家計や企業は消費や設備投資を抑えて借金の返済を優先することが合理的な行動となってきます。その結果、経済全体の活力が失われていくことになるのです。

かつて、物価が下がるのは良いことではないかという意見が出されたこともありましたが（良いデフレ・悪いデフレ論争）、デフレは常に経済にとって悪いことだと言えるでしょう。

このような**失業率と物価（名目賃金）上昇率とのトレード・オフの関係を示したものが、フィリップス曲線として知られています。**フィリップス曲線からは、失業率を低下させようとすればインフレが発生し、インフレを抑制しようとすれば失業率が高まってしまう、という関係をみることができるのです。

日本のフィリップス曲線を年代別に見てみましょう。１９５０年代から７０年代にかけては傾きが大きく、わずかな失業率の低下でインフレ率が大きく上昇していたことがわかります（図表７―４―１）。一方で、１９８０年代以降は傾きが緩やかとなっています。ここからはわずかなインフレ率の低下（あるいはデフレ）で失業率が大きく上昇する様子がうかがえます。

フィリップス曲線——インフレを抑えると失業率UP

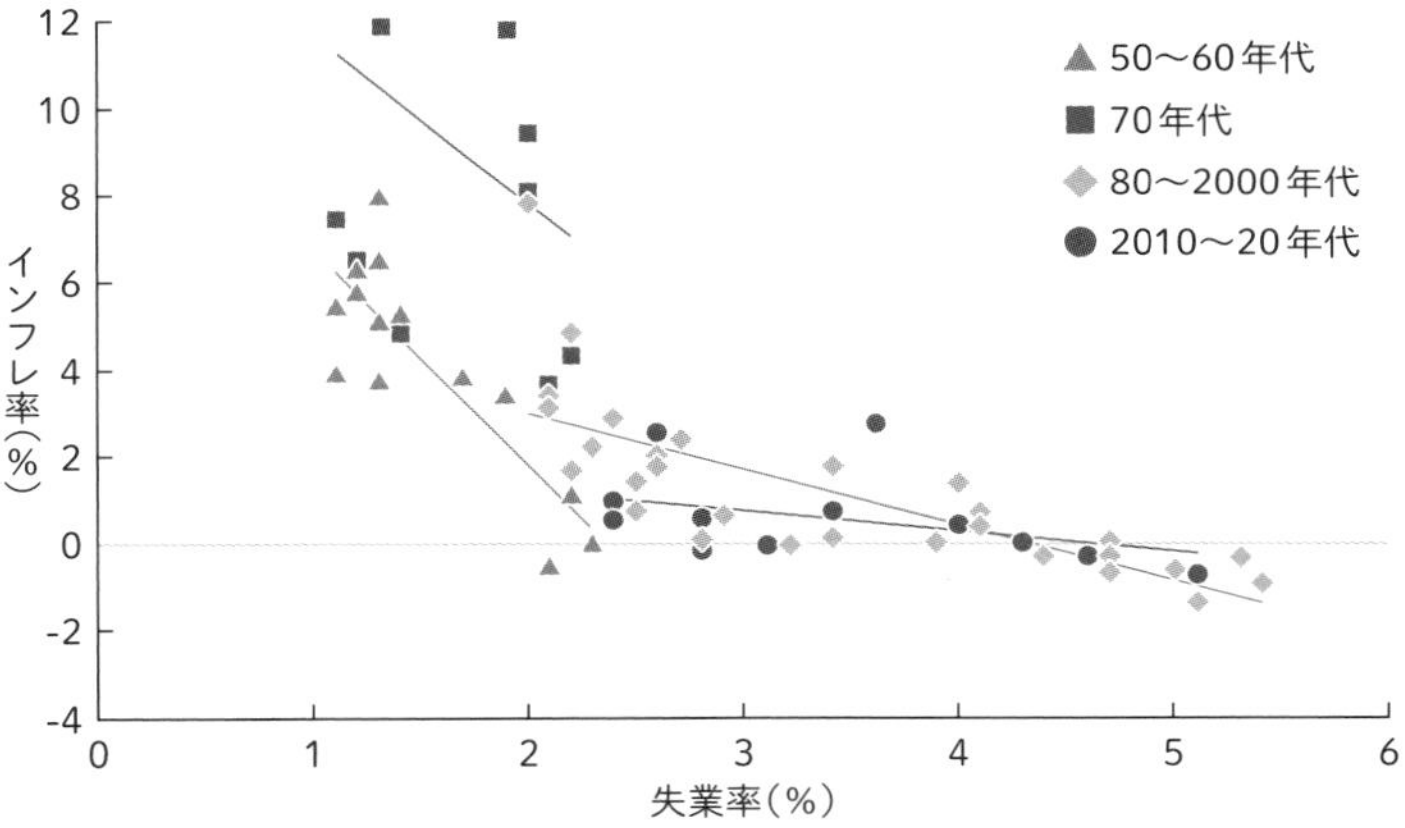

図表7-4-1　失業率とインフレ率の相関グラフ

経済をコントロールするために、各国には中央銀行が存在します。中央銀行は金融政策を通じて、物価安定や雇用の促進などを目指します。インフレが過度に進むと景気が不安定になりかねないため、中央銀行は慎重に金融政策を調整しています。そのため、日本銀行が金融政策を考える時には、このフィリップス曲線を丹念に分析しているのです。

経済の仕組みは複雑で、一見すると逆説的と捉えられるような関係が存在します。しかし、これらのトレード・オフの関係を理解することで、世の中の出来事や政策がどのような影響を及ぼすか、より深く理解できるようになるでしょう。

7章　註釈

1-1　高橋弘樹、『1秒でつかむ――「見たことないおもしろさ」で最後まで飽きさせない32の技術』、ダイヤモンド社、2018年

2-1　西村和雄、八木匡、「幸福感と自己決定――日本における実証研究（改訂版）」、RIETI Discussion Paper Series 18-J-026、2018

2-2　ダイアン・コイル著、高橋璃子訳、『GDP――〈小さくて大きな数字〉の歴史』、みすず書房、2015年

3-1　帝国データバンク、「東京都の猛暑が家計支出に与える影響調査（2023年）」（2023年8月25日発表）

3-2　帝国データバンク、「天候不順が企業に与える影響調査」（2017年9月8日発表）

4-1　ただし、通常、デフレの概念には、株式や債券、不動産など資産価格の下落は含まれない

8章

数字を危険信号（アラート）としてみる

◉バランスシート

◉粉飾決算

◉後継者不在率

◉倒産と休廃業……

01 この会社は大丈夫??

皆さんは自分の働く会社が将来にわたって安定しているかどうか気になりませんか。企業の「健康状態」を知るためには、数字や経営指標を理解することが大切です。ここでは、企業の倒産の兆候を数字から整理するポイントについて考えていきましょう。

企業の数字のなかでも特に重要なのは「財務諸表」です。これには貸借対照表（バランスシート）、損益計算書、キャッシュフロー計算書の3つがあります。貸借対照表は企業の資産や負債を示し、損益計算書は収益や経費をまとめたもの、キャッシュフローは現金の出入りを表わしています。これらの情報を理解することで、企業の経営状態を把握できます。

そこでまずは、倒産とは何か、ということを押さえておきましょう。実は、倒産という言葉に明確な定義はないのですが、基本的に「倒産」とは債務を弁済することができなくなることを意味します。倒産は、一般に「法的整理」と「任意整理」に分けられます。法的整理には、再建型の「会社更生」や「民事再生」、清算型の「破産」や「特別清算」で構成されています。一方で、任意整理には「銀行取引停止」や「内整理」があります。倒産は企業が経営破綻することを指していますが、必ずしも企業が存在しなくなるとは限りません。再建型の倒産では、事業を継続しつつ経営を立て直していくことになるからです。倒産の兆候はさまざまですが、いくつかのポイントがあります。例えば、負債の増加や収益の急激な減少、キャッシュフローがマイナスになることなどがあげられます。これらの兆候は財務諸表をみることで把握できます。

第一に、企業が借金を重ねている場合、その返済が困難になると経営が厳しくなります。負債の増加が続くときには注意が必要です。第二に、企業は売り上げを伸ばし、利益を出すことが大切です。急激な収益の減少は、競争や市場の変化などからくる可能性があります。第三に、企業がもっているお金の流れがマイナスになることは、将来の支払いに支障をきたす可能性があります。キャッシュフローが悪い場合、経営が厳しい兆候と考えられます。第四に、企業の経常利益や営業利益も注目すべきポイントです。これが一貫してマイナスになる場合、経営が安定していない可能性があります。最後に、産業動向や競合他社の動向など、企業を取り巻く状況も見逃せません。同業他社がどうなっているか、また市場の動向などは重要な情報源です。

こうしたことが、知っておくべき数字のポイントとなってきます。これらの数字を理解することで、倒産のリスクを減少させることができます。

数字や財務諸表は、企業の「体温計」のような存在です。しかし、ただ数字を追いかけるだけでなく、その裏に隠れたストーリーを読み解くことも重要です。例えば、新しい商品やサービスの立ち上げ、効率改善の取り組みが数字にどう影響しているかを考えることで、企業の将来性を見極める手がかりが得られるでしょう。

「危ない会社」をどう見分けるか？

ここまでは、経営の三要素「ヒト・モノ・カネ」のうち、主にカネに焦点を当ててきました。数字だけでなく、残りのヒトとモノについても簡単に紹介しておきましょう。

ヒトに関しては、営業部長や経理部長など管理職が会社を辞めるタイミングに注目です。後任がなかなか決まらない場合は要注意でしょう。また、経営者の肩書があまりに多い場合も、経営の危機に気づかないリスクが高まってきます。

次にモノに関しては、商品の換金売りなどの情報も重要です。急激な製品発注の増加や購買量の増加などがあると、事業の継続が難しくなることを見込んで、民事再生の際にも営業が続けられるように大量仕入れをしていることもあるからです。こうした情報も倒産の兆候を捉えるために、しっかりと集めておきたいところです。

また、企業の文化も注視することが大切です。企業が掲げる価値観やミッションが、実際の行動や経営方針とどれだけ一致しているかが企業の信頼性や長期的な成功につながります。社員が安心して働ける環境が整っている企業ほど、持続可能な成長につながるからです。近年、デジタル技術の進化が企業に大きな変革をもたらしています。イノベーションやＤＸ（デジタルトランスフォーメーション）に積極的に取り組む企業は、新たな市場を開拓し、成長のチャンスをつかんでいます。

帝国データバンクは、**危ない会社の見分け方として、99のチェックリストを用意しています**[1]。気になる取引先があれば、ぜひこれらの項目をチェックしてみてください。

02

粉飾決算の行く末

「粉飾決算」という言葉を聞いたことがあるでしょうか。これは企業が財務諸表を意図的に操作して、実際よりも好調にみせる行為のことを指します。なぜ企業がこのようなことを行うのか、そしてこの行為が引き起こす結末について、分かりやすく説明しましょう。

なぜ企業は粉飾決算に手を染めるのでしょうか。企業は常に利益をあげることが期待され、投資家や株主からの期待に応えようとします。しかし、いつも思った通りに実績が伸びるとは限りません。そこで一部の企業は、財務諸表を操作して実績を良くみせようとするのです。

では、この行為がどうして問題になるのでしょうか。そもそも投資家や株主は企業の実態を知り、信頼して投資を行います。もし企業が虚偽の情報を提供するなら、それにもとづいて行った投資が危険にさらされます。この信頼の喪失が、企業にとって致命的な打撃となります。

そして、このようなコンプライアンス（法令遵守《じゅんしゅ》）の違反が発覚すれば、企業はさまざまな制裁を受けることになります。法的な罰則だけでなく、信用の喪失により株価は急落し、取引先や顧客との信頼も揺らぎます。結果として企業は財政的に困難な状況に陥り、倒産に至ることがあります。

こうした状況を防ぐためには、企業が透明性を保ち、正確な情報を提供することが不可欠です。そして、これは企業のみならず、経済全体にとっても健全な成長を保つ要素となります。経済は信頼にもとづいて成り立っています。信頼を裏切る行為が許されない理由は、その結末が企業だけでなく、私たち一人ひとりにも影響を及ぼすからです。

２０２３年の倒産件数は2年連続で前年を上回り、バブル崩壊後で最大の増加率となりました。新型コロナ禍の手厚い資金繰り支援が終了したところに「物価高（インフレ）」「人手不足」「コロナ融資返済開始」など企業を取り巻く厳しい経営環境が続いてきたことが件数を引き上げていました。こうした**倒産件数が増えている局面で、**

事業を存続させるため、コンプライアンス違反に手を染めたことが発覚して倒産に至る事例が増加していました[1]。

２０２３年のコンプラ違反倒産３４２件のうち、架空の売り上げの計上や融通手形などの「粉飾」を理由とした倒産は79件となり、「業法違反」（90件）に次いで２番目に多くなっています。「粉飾」は新型コロナ禍以前の２０１９年まで増加傾向を示していましたが、２０２０年以降、ゼロゼロ融資などの資金繰り支援の効果もあり件数は減少に転じていました。しかし、ここにきて再び増加の兆しをみせています。借入金の返済が厳しくなり、金融機関に対して追加支援を申し入れた際に不適切な会計処理が明らかになるケースが多くみられました。なかでも架空取引や融通手形を使用していたケースが目立ちます。

粉飾では、複数の異なる決算書を作成し、金融債務を簿外化することで負債を少なく見せる手法が横行《おうこう》しています。

そこでは、主に３つのパターンがあります[2]。

第一に、貸借対照表や取引金融機関数は変わりませんが、借入額だけを過少に見せる「借入額調整型」です。第二に、貸借対照表は変わりませんが、取引金融機関数と借入総額を過少に見せる「銀行組換型」、第三に、貸借対照表、取引金融機関数、借入総額のすべてが異なる「ランダム型」に分けられます。

このように、あの手この手を使って粉飾決算を作成しようとします。そのため、金融機関には粉飾決算を見破るノウハウが必須なのですが、現場からこうしたノウハウが失われつつあることも指摘されています。

「他人に親切にする」と年収が上がる?

仏教の考え方からきていることわざに「情けは人の為《ため》ならず」という言葉があります。

文化庁が2011年に発表した調査[3]によると、本来の意味ではない〝人に情けを掛けて助けてやることは、結局はその人のためにならない〟と答えた人が45・7%にのぼっていました。

本来の意味である〝人に情けを掛けておくとめぐりめぐって結局は自分のためになる〟と答えた人は45・8%で、ともに4割台半ばという結果でした。

ことわざは、長い年月をかけて先人たちが伝えてきた、教訓や知識などを内容とする短い句です。もしも本当に、半分近くの人が、このことわざを他人に情けを掛けるのは良くないことだという教訓として汲み取ったならば、それは日本の経済成長や企業の発展を阻害する大きな要因になりかねないのではないでしょうか。

資本主義社会は信頼と信用を基本として成り立つ社会であり、企業活動においても信用ほど重要なことはありません。経済学では近年、人びとの互恵的な考え方や他人に対する信頼の程度が、経済成長や所得水準に影響を与えるという研究結果が報告されています。

他人への信頼や組織への信頼が高い社会であれば、経済取引も円滑に進みやすくなるでしょう。一方で、他者を常に疑わなければならないような社会では、取引費用が非常に高くついてしまいます。

ある研究によると、「一般的に言って人々は信頼できる」と考えている人の割合が高い国は、そうでない国と比較して経済成長率が高かったと指摘されています[4]。ちなみに、この研究では、経済成長したから他人への信頼が高くなった、という因果関係は統計的に認められておらず、もともと他人への信頼の高い国が高い経済成長を実現していた、という関係のみが確認されています。

また、日本の研究によると、「他人に親切にする」というしつけを子どもの頃に受けて育った人は、そうでない人と比較して平均30万円ほど年収が高くなる、というものがあります[5]。

粉飾決算といった行為は、短期的には企業にとって都合良く見せますが、長期的には逆効果となることが圧倒的です。信頼を築くことは容易でなく、一度崩れると取り戻すのが難しいのです。

長年にわたり粉飾を続けた結果、倒産に至るケースは数多くあります。信用を失えば、現代社会においては大きなペナルティが課されることをしっかりと認識しておかなければなりません。

03

後継者不在6割、貴重な技術が失われる!?

近年、後継者がいないため事業を継続する見込みが立たず、倒産に至る企業が増加しています。2023年の「後継者難倒産[1]」は累計564件に達し、年間の最多件数を更新しました（図表8―3―1）。初の500件超えです。主な要因としては、経営の厳しい状況が続き、後継者が事業を継ぐことに踏み切れず、倒産に至った「販売不振」（269件）が大半を占めていました。また、「経営者の病気や死亡」（210件）により経営者が不在になる、または後継者が継いだものの事業継続が困難になったケースも目立ちます。それでは、後継者がいない企業は具体的に日本でどれくらいあるのでしょうか。帝国データバンクが、2023年時点の全国・全業種約27万社を対象に調査を実施したところ、「後継者がいない」、または「未定」とした企業は14・6万社、53・9%にのぼりました[2]。後継者が不在の企業は半数を超えていますが、

「後継者がいない企業」は年々少なくなっているが……

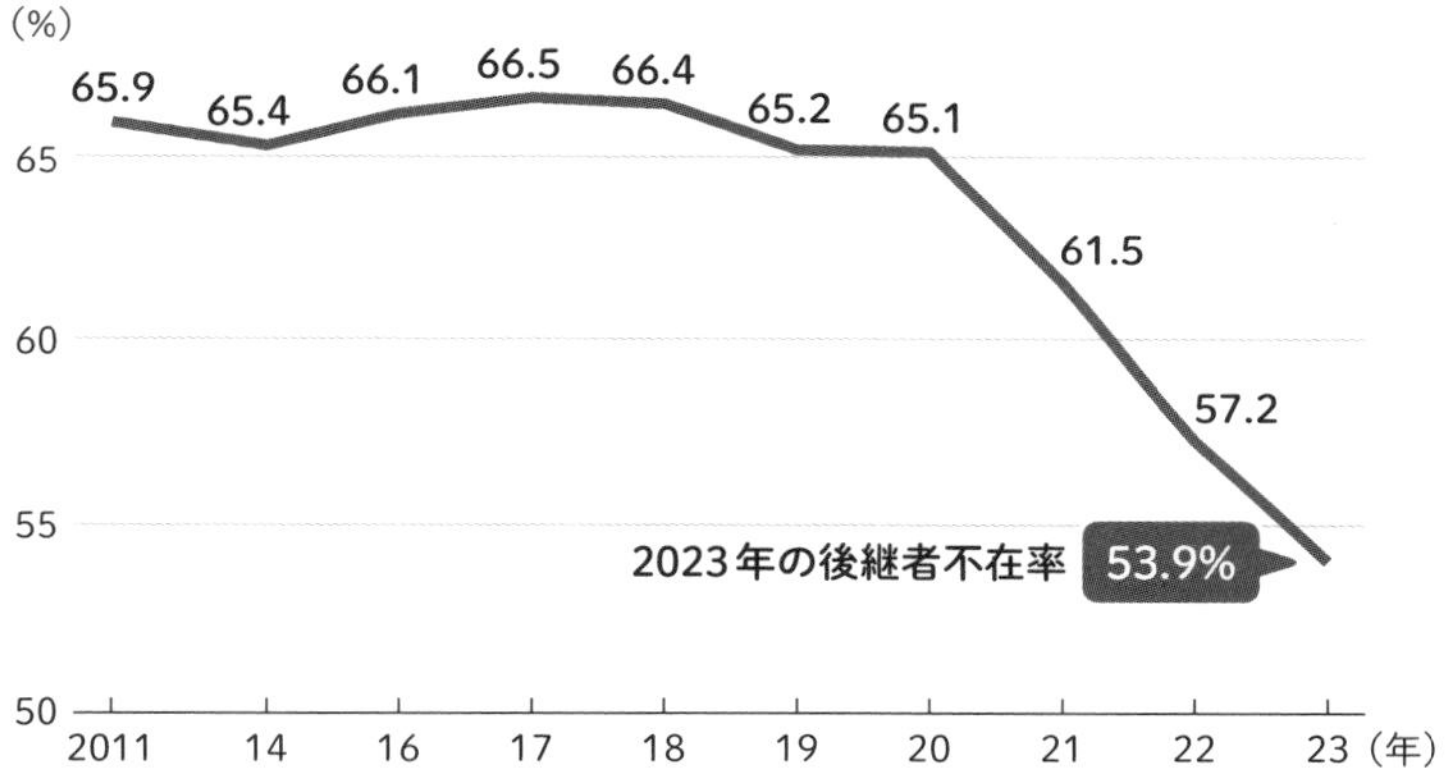

［出典］「全国社長年齢分析(2022年)」、23年数値は10月時点の算出に基づく推定値

図表8-3-1　後継者不在率の推移

実は、日本企業の「後継者不在率」は6年連続で前年を下回っていました。過去5年間で31・0%の企業が、後継者を新たに決定していたのです。この間、自治体や地域の金融機関をはじめ、事業承継の相談窓口が全国に普及したほか、第三者へのM&Aや事業譲渡、ファンドを経由し、経営再建に向けた事業承継を併用するプル・プッシュ型の支援体制が整備・告知されてきました。こうしたアナウンスを行った効果により、現経営者だけでなく、後継者候補においても事業承継の重要性が広く知られるようになり、また浸透してきたことが新たな後継者の決定を後押ししてきたと考えられます。このような取り組みも全国的に後継

者不在率が低下した大きな要因の一つになったと言えるでしょう。ただし、5年前（2018年）時点で後継者候補がいたにもかかわらず、計画の中止やとりやめにより2023年に後継者不在となった企業も1・5％ありました。新型コロナウイルスの世界的拡大など、経営環境が急激に変化したことにより事業承継を中断したケースや、現経営者による後継者選びの見直し、あるいは後継者候補だった人物の辞退や退社といったケースなど、事業承継が中断・頓挫した要因は多岐にわたっています。

後継者が不在となると、企業の存続だけでなく、地域経済や雇用にも大きな影響が及ぶ可能性があります。例えば、企業が持つ貴重な技術やノウハウが失われるリスクが高まります。これは、長年にわたって蓄積された経験や技術が、新たな世代に受け継がれずに途絶えてしまうというものです。技術の伝承が途切れることで、地域や国の産業にとって重要な資産が失われ、競争力が低下する可能性があります。

事業を承継させるには？

それでは、後継者が不在となる理由にはどのようなことがあるのでしょうか。一因

多くの企業が事業承継に迫られている

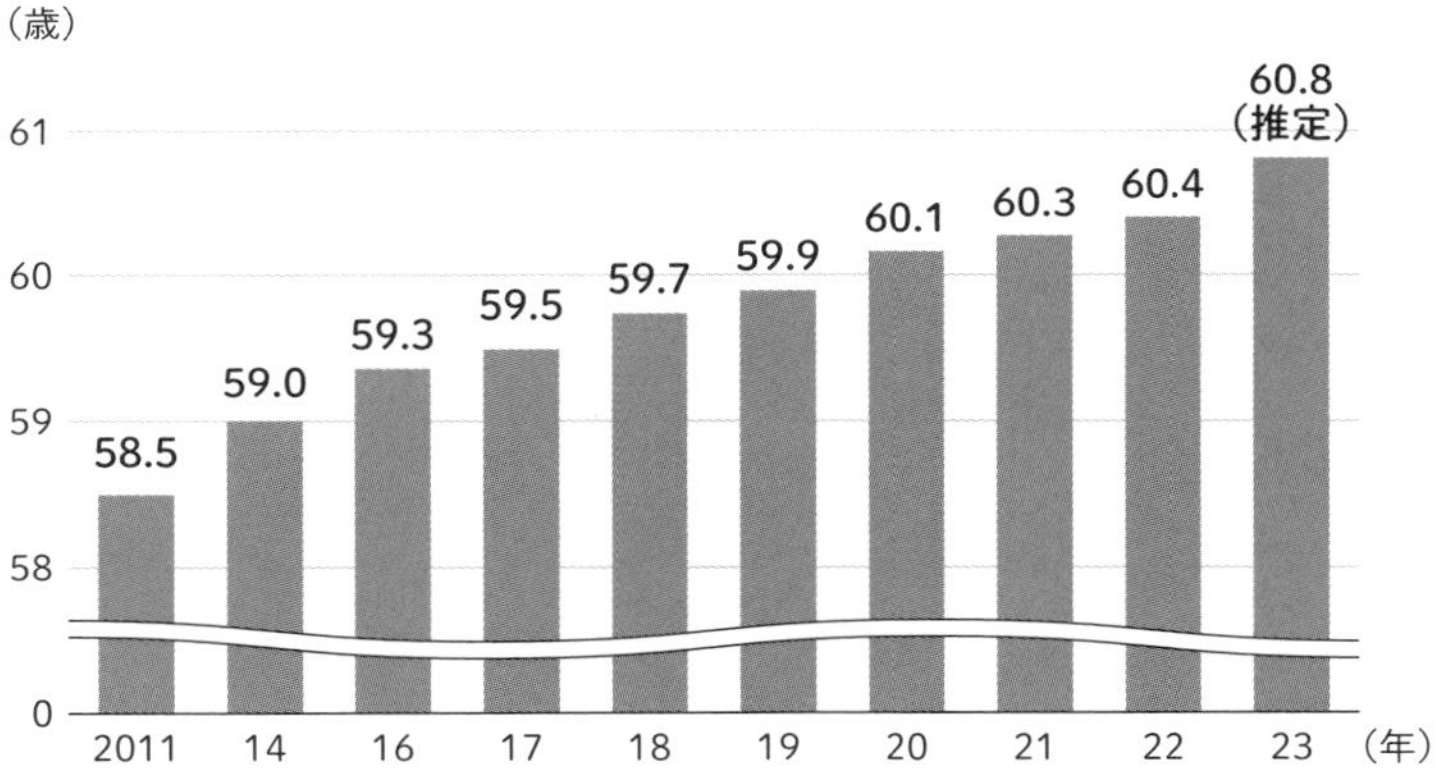

［出典］「全国社長年齢分析（2022年）」、23年数値は10月時点の算出に基づく推定値

図表8-3-2　社長平均年齢の推移

として、事業承継には膨大な資金や知識が必要であり、若い世代が挑戦しにくい状況があげられます。また、起業家精神の不足や、伝統的な産業においては魅力的なキャリアとみなされないことも後継者不在の要因として指摘されています。

後継者が不在となることは、企業や地域経済にとって大きな課題となりますが、その解決には社会全体の協力が必要であり、事業承継を支援する施策が欠かせません。資金面での支援や、起業家の育成プログラムの強化、後継者となる人材の発掘と育成などがあげられるでしょう。また、地域社会や企業が連携し、共同で後継者を見つけるための仕組みづくりも重要です。

日本の企業経営者の平均年齢は61歳に迫り[3]、多くの企業で事業承継の適齢期を迎えています（図表8―3―2）。

近年では、新型コロナ前から官民が一体となって推し進めてきたM＆Aの普及や事業承継税制の改良・拡大、金融機関が主導する事業承継ファンドなど、さまざまなニーズに対応可能なメニューがそろってきました。今後も、国や自治体による事業承継への働きかけにより企業の後継者問題に対する意識がいっそう高まるとみられ、後継者不在率の低下が引き続き期待されます。

しかし、現経営者が能力面や素質面などから後継候補に対し事業承継に消極的なケースや、後継候補となった対象者が事業承継を断る、あるいはその両方が発生するなど、**事業承継に携わる当事者の間で「認識の差＝ミスマッチング」の問題が顕在化しつつあることも確かです。**

「後継者問題への啓蒙《けいもう》」により、経営者の後継者問題に対する意識改革は確実に成果をあげています。今後は事業承継中のアクシデントやトラブルの発生による「あきらめ」防止に向けた取り組みも重要になるとみられ、後継者決定後のフォロー・サポート態勢の充実も求められるでしょう。

04

倒産と休廃業、年間の件数は増えている？ 減っている？

1年間にどれくらいの企業が倒産しているでしょうか。あるいは、休業や廃業に至る企業はどれくらいかご存じですか。経済の波にはさまざまな動きがありますが、なかでも企業の倒産と休廃業は注目を浴びるテーマです。

倒産の定義に関しては、本章の01（202ページ）でも述べましたが、債務を弁済することができなくなることが倒産です。また、休廃業・解散企業とは、倒産（法的整理）を除いて、特段の手続きを取らずに企業活動が停止した状態の確認（休業）、もしくは商業登記等で解散（ただし「みなし解散」を除く）を確認した企業の総称を指しています。

それでは、**近年、倒産と休廃業・解散の件数はどのように推移しているのでしょうか。統計によれば、一般的には休廃業・解散の方が多い傾向にあります。**経済が不景気になると企業の業績悪化がみられ、それが企業活動の停止につながることが増えるからです。しかし、倒産も特に最近では増加してきました。

具体的に数字をみてみましょう。

2023年の倒産件数（法的整理）は8497件発生しました。前の年より33・3%増加して、新型コロナ禍の直前となる2019年（8354件）を上回る水準となっています。倒産した企業が抱えている負債総額は、2兆3769億円にのぼりました。負債5000万円未満の小規模倒産が全体の6割近くを占めています。

なかでも「飲食店」は768件発生し、2022年（452件）の1・7倍と急増しました[1]。とりわけ「居酒屋」や「カフェ（喫茶店）」が過去最多を更新しています。「居酒屋」は、家飲みの拡大で居酒屋需要が新型コロナ禍前に戻らず、経営を支えてきた時短協力金といった公的支援などが打ち切られたことで、資金繰りが行き詰まる個人商店の零細居酒屋で多く発生していたのです。さらに「カフェ（喫茶店）」では、コーヒー豆の価格高騰などが打撃となっていました。

また、「建設業」の倒産も1671件（前年比38・8%増）に達し、8年ぶりに1600件を上回りました[2]。

倒産急増の背景には、資材の高騰と人手不足などにともなう建設コストの上昇があげられます。施主に対しての価格交渉が難航するなど、請負単価が上がらないなかで、元請け・下請けともに収益力が低下する結果となっていました。急激な業者数の減少は、進行している仕事の停滞や先送りを招く可能性もあり、地域経済への影響も懸念される事態となっています。

倒産が増える背後には、さまざまな要因が影響してきます。景気の低迷や競争激化、経営の失敗などがあげられます。これらの要因がからみ合い、企業が経営の難しさに直面し、最終的には倒産という結末に至ってしまうことがあります。

「あきらめ廃業」は阻止できる？

それでは、休廃業・解散はどれくらいだったでしょうか。2023年には実に5万9105件（前年比10・6％増）も発生していました[3]。これは、年間で4・03％の企業が、市場から退出・消滅した計算になるのです。

休廃業した企業の従業員（正社員）は少なくとも累計7万8053人に及び、これだけの人びとが転退職を迫られた格好です。とりわけ、直前の決算で「黒字」だった割合は51・9％となっており、半数を超えています。

休廃業・解散動向は、これまで持続化給付金や雇用調整助成金の給付による手厚い資金繰り支援が功を奏し、新型コロナ禍の厳しい経営環境下でも抑制された水準で推移していました。しかし、2023年に入ってから、これらの支援策が徐々に縮小されたことに加え、電気代などエネルギー価格をはじめとした物価高、人手不足問題やそれにともなう人件費負担の増加など、四重・五重の経営問題が押し寄せていました。

収益面や財務面で傷ついた中小企業では、先送りしてきた「事業継続か否か」の決断を迫られるなかで、更なる経営悪化に陥る前にやむなく会社をたたんだ「あきらめ廃業」を余儀なくされた中小企業が多く発生した可能性が考えられます。

こうした倒産や休廃業の動向をみつめなおすことで、未来のビジネス社会における新たな可能性と、直面するべき挑戦が浮かび上がってきます。

具体的には、第一に、急速に変化する経済状況に適応するために、DX（デジタルトランスフォーメーション）への取り組みが不可欠です。企業は新しい技術を活用し、効率的な業務プロセスを確立することで、競争力を維持できるでしょう。

第二に、地域社会との連携を強化することにより、企業の持続可能性が高まってきます。地域資源を活かした事業展開や、地元の雇用促進などが、企業と地域社会の双方にプラスの影響をもたらすでしょう。

第三に、働き方が多様化する現代において、柔軟性を重視した新たな働き方が求められます。リモートワークやフレキシブルな労働条件は、企業と従業員の双方にとって利益をもたらす可能性があります。

第四に、急速なテクノロジーの進化に対応するために、知識とスキルのアップデートが不可欠です。企業には、従業員が最新の情報や技術にアクセスできるような環境を整備し、持続的な学びの機会を提供することが求められます。

倒産や休廃業という課題に対して、柔軟性と創造性をもって挑むことが、次なる時代を切り拓くカギとなることでしょう。

8章　註釈

1-1　帝国データバンク、「与信管理運用の基礎　第13回：危ない会社のチェックリスト」、(https://www.tdb.co.jp/knowledge/yoshin/13.html)

2-1　帝国データバンク、「コンプライアンス違反企業の倒産動向調査(２０２３年)」(２０２４年１月11日発表)

2-2　詳しくは、帝国データバンク編著、『決算書のイロハから始める粉飾決算の発見と対策』、銀行研修社、２０２３年を参照

2-3　文化庁、「平成22年度　国語に関する世論調査」

2-4　Algan, Yann and Pierre Cahuc (2010) “Inherited Trust and Growth”, *American Economic Review*, 100, pp.2060-2092

2-5　西村和雄、平田純一、八木匡、浦坂純子、「基本的モラルと社会的成功」、RIETI Discussion Paper Series 14-J-011、２０１４年

3-1　後継者難倒産とは、法的整理(倒産)となった企業のうち、後継者が不在のために事業を継続する見込みが立たなくなったことを要因とした倒産のこと

3-2　帝国データバンク、「全国『後継者不在率』動向調査(２０２３年)」(２０２３年11月21日発表)

3-3　帝国データバンク、「全国『社長年齢』分析調査(２０２３年)」(２０２４年４月12日発表)

4-1　帝国データバンク、「『飲食店』倒産動向調査(2023年)」(2024年1月9日発表)
4-2　帝国データバンク、「『建設業』倒産動向調査(2023年)」(2024年1月10日発表)
4-3　帝国データバンク、「全国企業『休廃業・解散』動向調査(2023)」(2024年1月12日発表)

9章

数字をぼんやりみてみる

◉財政赤字

◉消費税率

◉マネーストック

◉ネットショッピング……

01

言い得て妙、日本の財政を語る「ワニの口」

日本の財政[1]は、公共事業費や社会保障費、公務員の給与など1年間の支出である「歳出」と、直接税や間接税などによる税収と国債発行などによる借金からなる「歳入」で成り立っています。

2023年度予算では、国の一般会計歳入は114・4兆円です。しかしながら、税収などでは歳入全体の約3分の2しか賄《まかな》うことができていません。残りの3分の1は公債金（借金）に依存しています。つまり、日本では長年にわたり歳出が税収などよりも多い財政赤字の状態となっています。

これまで、**歳出は一貫して伸び続ける一方で、特に歳入のうち税収は1990年度を境に伸び悩み、その差は「ワニの口」のように開いています。**その結果、税収の不足分を補う借金である公債の残高は大きく積み上がってきています。直近の動向では

借金は減らず歳入と歳出の差は広がる一方

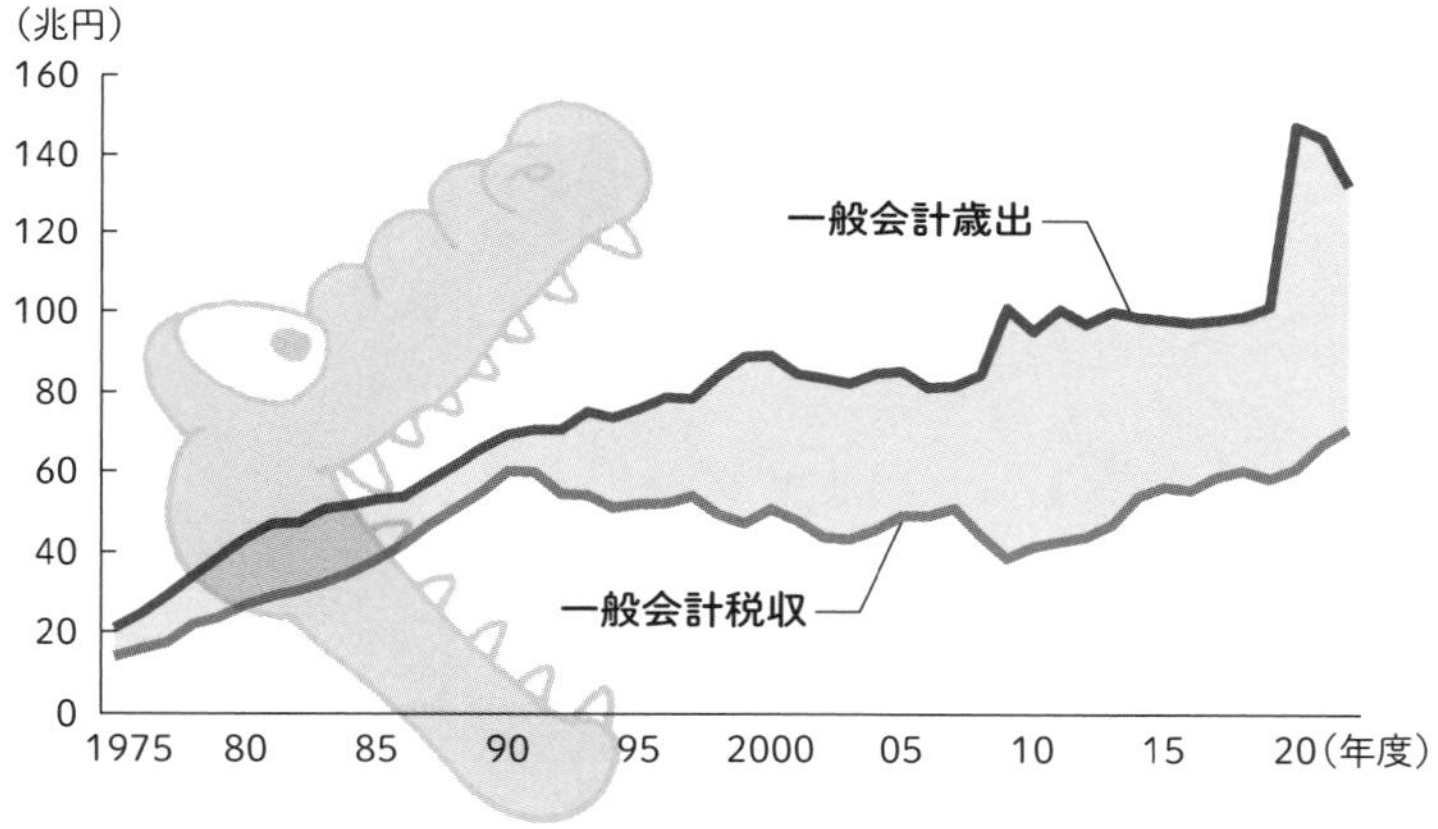

図表9-1-1　一般会計歳出と一般会計税収の変遷

２０２２年度まで３年連続で過去最高の税収を記録していましたが、２０２３年度末（令和５年度末）の公債の残高は、日本のＧＤＰのおよそ２・５倍の約１０６８兆円になると見込まれています。

「ワニの口」。実際に動物園でワニをみるとわかるように、大きな口には底知れぬ恐怖を覚えるものです。同じように借金が減らず上顎《あご》と下顎の間が広がっていく様も恐怖といえるのではないでしょうか？

　さて、経済に関する言葉には、前述した「ワニの口」のような比喩《ひゆ》表現がいくつもあります。最も有名な単語は、アダム・スミス[2]が『国富論』などで唱えた「（神の）見えざる手」ではないでしょうか。まさに言い得て妙ですね。私たちは知らず知らずのうちに結果だけをみれば、意識せずとも正しい行動を取っているのかもしれません。

需要と供給が均衡している状態の競争市場では価格の調整により消費者や生産者の行動が合理的に遂行され、経済はスムーズに動かされていきます。

アダム・スミスは、この個々の経済主体は市場の価格だけをみて利己的に行動するのに、結果だけをみると経済全体としては秩序の取れた最適な状態が生まれる市場での価格の機能[3]を「(神の) 見えざる手」の導きと例えています。

起こっている現象は「ドーナツ?」「ストロー?」

次に、地域経済を語る上で重要な単語[4]があります。例えば1990年代前半の東京圏においては、中核となる特別区において地価の高騰や人口密集といった諸問題の発生により人口が流出。それにともない、特別区の周辺エリアに行くに従って、人口が増大する「ドーナツ化現象」が発生していました。**都市の中心が空洞になり、その周辺部に人口が集中していく様子はまさに〝ドーナツ〟のかたちに似ていると言えま**

す。

しかし、2000年代に入ると都心部の地価の下落・住宅ローン金利の低下などを背景に、三大都市圏へ人口移動が再び集中する「都心回帰」が進んでいきました。

ところが、2020年代に入ると再び「ドーナッツ化現象」が東京圏でみられるようになってきます。東京都では、新型コロナウイルスの新規感染者数が増加し始めた2020年7月から2021年2月にかけて、8カ月連続で転出超過[5]となっていました。これは、新型コロナウイルス感染症の拡大にともなう不安の増大や、企業のリモートワークの進展などを転機として、都心から郊外に住居を移す人たちが多く現われた結果と言えるでしょう。この時、リモートワークの定着にともなう都心のオフィス面積の縮小や郊外への移転の動きもニュースなどで報道されただけではなく、帝国データバンクの調査[6]でも、実際にオフィスを縮小した企業が一部で現われていました。企業からも「在宅勤務が基本となり、サーバー用のオフィス以外ほぼ不要と判断した」といった声が寄せられており、通勤する必要性の低下により、都心から近隣県の郊外へと住み替える動きが加速したためと考えられます。

現在（2024年）では、日本各地で高速道路や新幹線などの交通網、IT技術の急速な発達により通信網が張りめぐらされています。全国で速達性や利便性が向上することで、逆に地方都市の人口や産業が大都市へ吸い寄せられる「ストロー現象」が三大都市圏近郊で生じています。

ストロー現象は、コップから水がストローによって吸い寄せられる様子を、便利な交通網や通信網の発達（ストロー）が地方都市（コップ）から大都市（口）に人口や産業（水）を流出させ、便利になるがゆえに、地方が衰退していく様子を表わしています。

ビジネスパーソンにとって考えると、大都市にある本社や本店からの管理が十分に行き渡るようになり、地方にある支店や営業所の撤退や統廃合、集約化につながり、人員削減などにつながりかねない状況も生まれてくるかもしれません。特に、今後開業予定のリニア中央新幹線によって、「ストロー現象」が各地で急速に引き起こされることも指摘されています。

経済に関する言葉は小難しいといったネガティブな印象をもつ人たちも多いかもしれません。本項は、印象的にちょっとだけ〝面白い〟、ちょっとだけ〝カッコイイ〟といった思いが頭をよぎる単語を例としてあげてみました。

02

マインドセットにみる10秒の壁と10％の壁

２０２１年６月６日、陸上の山縣亮太選手が日本人４人目となる男子１００メートル走で９秒台、日本新記録の９秒９５を樹立しました。現在は日本の現役選手のうち４人の９秒台選手が活躍しています。

日本人にとって、夢の９秒台は、１９９８年に伊東浩司選手が10秒００を記録して以来、約20年にわたり破ることができなかった大きな「壁」として存在していました。

そんななか、２０１７年９月、桐生祥秀選手が日本人初の９秒台を記録。一人の選手が10秒の壁を越えたことで、多くの日本人選手たちのマインドセット（経験、教育、先入観などから形成される思考様式、心理状態）が書き換えられていったのでしょう。

その後、２０１９年６月にサニブラウン・アブデル・ハキーム選手、同年7月に小池祐貴選手が９秒台を記録しています。日本人選手にとって、20年間破ることができなかった「壁」の向こう側に目標が設定されたことで、この短期間の間に4人の9秒台スプリンターが誕生しました。

ふと、9と10の間には、とても大きなみえない「壁」が存在していたのではないだろうか……と考えます。

さて、経済に話を戻しましょう。2019年10月に消費税率が引き上げられました。2014年4月に引き上げられた消費税率8%から10%に引き上げられたことで、消費者や企業にとってさまざまな影響が出ています。

帝国データバンクが実施した調査[1]では、**消費税率の引き上げは、約半数の企業で自社の企業活動に「マイナスの影響がある」と見込んでいました。**とりわけ小売に関連する企業からは、消費者の節約志向を危惧する意見が多数あげられていました。更に当時の調査結果では、予定どおり実施すべきと考える肯定派の企業と否定派の企業が拮抗《きっこう》しており「社会保障費の増加に対処するためにはやむを得ない」といった声や「消費税率の引き上げにより、消費者の購買意欲減退につながる」といった意見が良くも悪くもそれぞれあがっていました。特に、個人消費においては、購買意欲の低下や買い控えなどが生じていたと記憶しています。

「心理的な影響」は経済にどう表われる？

私たち消費者にとっては、消費税率が8％から10％へ変わることへの心理的影響は消費行動に表われ、まさに二桁である10％の「壁」が出現したと言えるでしょう。

実際に四半期別のＧＤＰ（国内総生産）[2]を確認すると、２０１９年10～12月期の家計最終消費支出は前期比でマイナス３・６％と大きく落ち込んでいます。消費税率が８％に引き上げられた２０１４年４～６月期（マイナス４・９％）以来の下げ幅になっていました。

ただし、10秒の壁と同じように、マインドセットが変わると消費税率引き上げの考え方も変化する可能性はあるでしょう。

10％への消費税率引き上げ[3]は、社会保障制度を次世代に引き継ぐため、安定的な財源の確保を目的としています。将来、医療や介護、子育て支援などの社会保障の充実が期待でき、私たちも恩恵を受けることになるでしょう。

ほんの少しだけ見方を変えて考えてみると、私たちの日々の生活で〝いま〟必要な食料品や日用品、生活にメリハリや活力を与える娯楽費、たまのご褒美《ほうび》に贅沢《ぜいたく》品などを購入するのは、めぐりめぐって〝未来〟の自分たちの生活に別の形で潤いをもたらすものだと言えます。

節約もとても大切ですが、買い控えによって、めぐりめぐってくるはずの〝未来〟の恩恵を逃すのも惜しいのではないでしょうか。そんなふうに考えてみると、不思議と消費税率の引き上げも悪いものではない？　と思えてくるはずです。

ものの見方一つで日本の経済や社会保障の将来が良くも悪くもなるのであれば、少しだけマインドセットを書き換えてみるのも良いかもしれません。

日本経済にとって現在、原材料価格の高止まりや慢性的な人手不足、地政学的リスクなど複合的な要因があり厳しい社会環境下ではありますが、100メートル走の10秒の「壁」と同じように考えていた消費税率10％の「壁」も、見方を変えるとそんなに高くはなかったと思える日が来るかもしれません。

マインドセットは難しく考えることはなく、日常生活の小さな気づきから少しずつ書き換えていくことが可能です。〝いま〟からできることを少しずつ積み重ねてみてはいかがでしょうか？　違った明日がみえてくるでしょう。

03

115兆円と977兆円、数字が大きすぎてピンとこない……でも大事

普段の生活において買い物で使う紙幣や硬貨は「現金通貨」と呼ばれ、私たちの生活に欠かせません。他方、銀行などに預けられているお金のことを「預金通貨」と言います。最近では現金が手元になくとも、現金通貨と同等に支払いができる電子マネーなども決済手段として広がっています。

これら2つの通貨はまとめて貨幣と呼ばれ、流動性が高く、物価変動を考慮しない場合に価値が変わらない安全資産として考えられています。なお、預金通貨は、いつでも引き出すことができて、めったに元本割れを起こすことがないので貨幣とみなされています。

また、貨幣と似た言葉で債券がありますが、こちらは貨幣以外の金融資産を指し、すぐに取引に使うことができない金融資産です。主に国債や社債、株式などから構成

され、物価変動を考慮しない場合に、保有している間に価値が変動する危険資産（リスク資産）として考えられています。

さてここで問題です。日本の現金通貨と預金通貨を合わせた貨幣全体の規模はどのくらいでしょうか。

答えの前に少し時代を戻してみましょう。現金通貨が日本国内に広まっていったのは、あの歴史的に有名な武将のおかげなのです。読者の皆さんはご存じでしょうか。NHK大河ドラマの主役を飾ったこともある平安時代末期の武将です。

そう、平家の棟梁《とうりょう》「平清盛」です。少し平清盛について補足しますと、『平家物語』における記述から、かつては横暴で傲慢《ごうまん》な性格の持ち主とされていました。しかし、研究が進むにつれて現在では温厚で情け深い人物だったと言われています。

さて、清盛が行った決して小さくない歴史的な偉業をみてみますと、日本初の武家政権を樹立し武士の時代を切り拓いたことは最も有名な出来事の一つでしょう。更に、厳島《いつくしま》神社を修造したこと、日宋貿易の拡大を図ったことなど多々ありますが、経済的には日本に貨幣経済を浸透させたことが大きいのではないでしょうか。

日本で最初の流通貨幣といわれる和同開珎《わどうかいちん》以降、貨幣は流通していたものの、10世紀後半には衰退[1]。これは、新銭発行の際に旧銭とのレートを厳しく設定したことや、銅銭の軽小化、質の粗悪化により銅銭の価値が急速に低下し、信用が失われていったことが主要因としてあげられています。

当時の日本において、租税は米や糸、労役などで行われ、日常の取引は主に物々交換で行われていました。それに対して、清盛は日宋貿易で得た宋銭に目を付け、それをもとに貨幣を媒介とした取引を推し進めたのです。

物々交換による取引と貨幣による取引と、どちらが経済の発展に寄与するかは自明でしょう。貨幣経済の浸透は大きな偉業と捉えることができます。

重要用語「マネーストック」とは？

では、現在の話に戻りまして、問題の答えです。日本の現金通貨と預金通貨を合わせた通貨全体の規模は、２０２４年3月速報で１０９１・9兆円[2]となっています。途方もない数字ですが、２０２３年度の国債発行残高と同程度の水準でもあります。その内訳は現金通貨が１１５・２兆円となる一方で、預金通貨は９７６・６兆円です。

数字からも分かるとおり、通貨残高のうち、預金通貨が実に9割以上を占めています。

もしかすると、これは皆さんの想像どおりだったかもしれません。この現金通貨と預金通貨について、もう少し考えていきたいと思います。まずは、重要な単語としてマネーストックを整理していきましょう。

このマネーストック[3]とは、「一般法人、個人、地方公共団体などの通貨保有主体（金融機関・中央政府を除いた経済主体）が保有する通貨（現金通貨や預金通貨など）の残高」であるとしています。もっと簡単に言うとこれまで述べてきた現金通貨と預金通貨の合計（M1[4]）です。

ではなぜマネーストックが重要なのかと言うと、その動きによって経済の状態が把握できると考えられているからです。一般的には、マネーストックが増えるほど、経済活動が活発化していると言われます。その一方で、マネーストックが急速に増えすぎてしまうと、インフレのリスクが高まってきます。

例えば、2020年以降、新型コロナウイルス感染症の流行に対応するため、ゼロゼロ融資をはじめとする新型コロナ対応緊急融資やゼロ金利政策などによりマネーストックは急増しました。特にM1の指標をみると、2019年は前年比5・3％増であったところ、2020年は同10・9%増、2021年は同9・8%増と2年連続して大きな伸びとなっていました。

確かに、新型コロナウイルス感染症の流行以降、ペントアップ需要（一時的に控えていた需要が景気回復とともに一気に表われること）や人手不足によって供給が不足したほか、円安や地政学的リスクなど複合的な要因による原油・原材料価格高騰が私たちの生活を直撃していました。

ここまでの話を整理すると、マネーストックを通じていまの日本の経済政策を把握することができます。現在のように金融政策が緩和的であればマネーストックは増加していきます。一方で、金融政策が引き締められればマネーストックは減少します。

つまり、マネーストックの増減をみると、現在、日本経済がどのような状態になっているのかを理解できるので、大切な指標と言えます。

平清盛が浸透させた貨幣経済、現在の日本においては非常に大きな流通量となる貨幣（現金通貨と預金通貨）ですが、大きな数字に惑わされることなく、その増減からいまの日本経済を知る武器になることを知っておくと役に立つかもしれません。

04

テレビの視聴率と景気は関係がある?

経済は、人びとが日々営む活動の結果です。そのため、景気動向は、経済指標や金融政策などだけでなく、こうした日常生活の行動を追うことからも捉えることができます。本項では、人びとの生活時間とテレビの視聴率から現代社会の概観をつかんでみましょう。

まずは、日本に住んでいる人の生活時間を2021年の調査データをもとに確認してみます。一日のうち、最も多くの時間を費やしているのは「睡眠」で7時間54分です[1](5年前の前回調査より14分増)。以下、「仕事」が3時間28分(同5分減)、「テレビ・ラジオ・新聞・雑誌」が2時間8分(同7分減)、「食事」が1時間39分(同1分減)、「休養・くつろぎ」が1時間57分(同20分増)などで続いています。特に、「睡眠」や「休養・くつろぎ」が5年前より増加する傾向が表われています。

総じて、「睡眠」「食事」など生理的に必要な活動時間や、「仕事」など社会生活を営む上で義務的な性格の強い活動時間だけでなく、各人が自由に使える時間の活動である「テレビ・ラジオ・新聞・雑誌」や「休養・くつろぎ」に対してもそれぞれ一日のうち1割弱の時間を割いている様子がうかがえます。

また、**主な行動の種類について過去20年間の推移[2]をみると、「身の回りの用事」や「休養・くつろぎ」などの時間は増加傾向にある一方で、「テレビ・ラジオ・新聞・雑誌」や「交際・付き合い」などの時間は減少傾向となっていました。**なお、「睡眠」については、前回調査まで減少傾向でしたが、最新結果では男女ともに増加に転じています。一因として、新型コロナウイルス感染症の流行にともなうリモートワークなどの働き方の変化が、通勤時間の短縮などにつながり、睡眠時間の増加に作用したと考えられます。

さらに有業者（パート・アルバイト等含む）の「仕事」時間は、男性が6時間27分（5年前の前回調査より22分減）、女性が4時間42分（同5分減）と、男女ともに減少傾向が続いています。

では、家庭における家事関連時間はどうでしょうか。子どもがいる世帯のうち、6

歳未満の子どもがいる世帯をみると、夫の家事関連時間は1時間54分、妻は7時間28分で、家事関連の多くを妻が担っている状況です。

その内訳は、夫は家事30分（2001年比23分増）、育児1時間5分（同40分増）、妻は家事2時間58分（同55分減）、育児3時間54分（同51分増）となっています。少ないながらも夫の家事関連時間の増加が顕著であり、過去20年間で子どものいる夫婦が費やす家事関連の時間の割合は大きく変化してきていると言えそうです。

アニメ『ワンピース』で景気が分かる？

こうした日常の生活行動のなかで、景気変動との相関がみられるのが、実はテレビ視聴と言われています。特に、国民的アニメである『サザエさん』（フジテレビ）や現在でもしばしば視聴率20％を超える長寿番組『笑点』（日本テレビ）などが、景気との関連性を指摘されてきました。

いずれも日曜日の夕方に放送され（一部地域を除く、以下同）、この時間帯に自宅でテレビを観《み》て過ごしていると想定されることから、番組の視聴率が高いと景気は悪く、視聴率が低いと景気は良好だといった見方がなされています。

しかし、新型コロナウイルス感染症以前のデータになりますが、近年では、少し様相が異なってきているようです。２０１５年〜２０１９年のデータを用いて、帝国データバンクの景気ＤＩとテレビ視聴率（ビデオリサーチ調べ、リアルタイム視聴率、関東地区）の相関関係を分析すると、日曜日の朝に放送されている『ONE PIECE（ワンピース）』（フジテレビ）との相関が最も高いという結果となりました。時差分析ではワンピースの視聴率が景気ＤＩを概ね４カ月先行して動いており、景気の先行きを見通すにはちょうど良い指標となることが示唆されます。簡便な回帰分析を実施したところ、ワンピースの視聴率が１ポイント上昇すると、４カ月後の景気ＤＩは約０・３７ポイント低下するとの結果もみられました。

なぜ、景気動向とテレビ視聴率の関係性が夕方から朝に変化したのでしょうか。一つの理由として、日曜日の朝（7時〜9時30分）の在宅率が、20年前に比べて、低下している[3]ことが考えられます。背景には、経済のサービス化が進展したことなどにともない、日曜日に仕事をしている人が少しずつ増えていることです。そのため、**日曜日の朝がより景気に対して敏感に反応する傾向が表われてきた可能性もあるでしょ**

う。

しかしながら、若者を中心に幅広い年齢層でインターネットを利用する時間が増加しているという事実もあるので、人びとのテレビ視聴時間は減少傾向が続いています。加えて、コロナ禍を経て、新型コロナの流行以前とは行動変容が生じています。娯楽の王様と言われて久しいテレビですが、さまざまな社会背景の変化をともないながらも、景気動向と視聴率の関係性はいままでと少し違った見方で捉えていく必要があるかもしれません。

05

家計消費は日本経済を知る宝庫

読者の皆さんは、現状の日本経済の動向を知る際には、どのようなデータを活用していますか？　やはり日銀短観でしょうか。それとも内閣府の景気ウォッチャー調査でしょうか。はたまたＴＤＢ景気動向調査を活用している方もいるでしょうか？

現在、官民さまざまな統計データが公表されていますが、本項ではより私たちの生活に密着したデータで身近に感じることができる、総務省「家計調査」と「家計消費状況調査」をもとに、日本経済の「いま」を探っていきたいと思います。

さて、はじめに一年のうち、最も家計の支出金額が多い月は何月かご存じでしょうか。

年度の変わり目の４月？　夏休みシーズン真っ盛りの８月？　ではありません。実は**「家計調査」によると、一年の終わりの12月が最も支出金額が多くなっています。**

2023年の各月のデータをみると、12月[1]の支出金額が年間の平均より1割ほど高い32万9518円で、同年で2番目に多かった4月の30万3076円を2万円以上上回っています。さらに、新型コロナ禍の2020年12月と比較しても、1万円以上出費が多くなっていました。

理由としては、新型コロナウイルスの流行に落ちつきがみられるなかで、スーパーマーケットやコンビニ、おもちゃ屋などでは、クリスマスに向けた品ぞろえが、新型コロナウイルスの流行期と比べるとパワーアップしていました。加えて、冬のボーナスによる大きな買い物や海外旅行など、多くの人たちの財布のひもが緩みやすくなっていたこともあげられます。

そして年末商戦に向けてビジネスを展開する企業にとっては、多くの人の購買意欲を高めるために、早い時期からセールスプロモーションを行い、12月の書き入れ時に備えています。思い出していただくとジャック・オー・ランタン（毎年10月31日のハロウィンの日に作るカボチャのロウソク立て）が片付けられたらすぐにクリスマスツリーとサンタさんに切り替わっていたのではないでしょうか。統計データとともに街の様子も併《あわ》せて感じてみると、日本の「いま」が分かってくるかもしれません。

「ネットショッピング」で財布のひもは緩くなる?

また、食料品の値上げの話題が2022年の初め頃から世間を賑わせています。帝国データバンクの調査[2]でも2022年の食品値上げは2万5768品目、2023年は3万2396品目に達しています。加えて2023年は鳥インフルエンザの感染拡大にともなう卵の供給不足や価格高騰など、いわゆる「エッグショック」[3]が全国の外食産業を中心に、卵メニューの値上げや提供停止など大きな影響を与えていました。

もちろん、外食産業のみならず家計への影響も表われていました。家計における「卵」の支出金額について2020年から23年までの年別月間平均をみると、2020年は845・2円、2021年は860・8円、2022年は856・8円であったのに対して、2023年は1083・9円とこの数年間で最も大幅に増加していることに気が付きます。普段の買い物でも卵の値段が高くなったと実感した方も多かったのではないかと思いますが、実際にデータを確認してみると実に2022年より約3割も高くなっていることが分かります。買い物の最中、手に取る商品が高くなったなぁ、安くなったなぁと感じたときは、「家計調査」のデータを見返してみると、感覚的なものだけではなく定量的な結果も得ることができるでしょう。

また、新型コロナ禍の影響で、さまざまなものが流行りました。特に在宅時間の拡大から、デリバリーやＥＣサイトの隆盛は記憶に新しいです。私もアマゾンや楽天などのネットショッピングを活用していましたが、読者の皆さんや皆さんの周りでも利用頻度が高まっていたのではないでしょうか。

そこで「家計消費状況調査」を使い、ネットショッピングの利用世帯の割合[4]をみると、２０２２年は52・７％と前年と同じ過去最高水準となっていました。半数を超える世帯でネットショッピングを活用している計算です。10年前の２０１２年では21・６％でしたが、10年間で30ポイント以上の増加となっています。支出金額も１カ月平均で２万８１０円と、調査開始以降で最高となり、前年（２０２１年）よりもプラス11・１％と大幅に増加していました。**エネルギー価格や食料品など生活必需品の値上げが厳しく、家計の負担は増すばかりですが、ネットショッピングに限れば、消費者の財布のひもは比較的緩くなっている様子がうかがえます。**

また、支出金額の内訳は、「食料」が22・３％とおよそ５分の１を占め、以下「旅行関係費」(14・5%)、「衣類・履物」(10・8%)が続き、この3項目で約半数を占めていました。2022年を思い出すと、新型コロナウイルスの影響からお取り寄せグルメの盛り上がりや、徐々に外出機会が増加するなかで、旅行やアパレルに対するリベンジ消費(新型コロナ禍により落ち込んだ消費活動の活性化を期待した言葉)が起こりはじめていました。

日々の生活の出来事を思い起こすと、意外と想定したこととデータが合致していることが多いと気づかされます。2023年は暑い日が続きましたので、アイスクリームの支出金額が前年より多くなっているかもしれません。あるいは、晴れの日が続いていましたので、旅行関係費が前年より増加していることも想像できます。逆に、冬物が売れないといった声のように季節モノの衣料品がなかなか売れていない場合、アパレル関係の数字が非常に悪くなっているかもしれませんね。

日常生活のさまざまな要素が重なり経済動向は日々変化していきます。今回取り上げた家計に関するデータで消費動向を追いかけていくと、消費者行動やライフスタイルの変化に気付かされ、統計調査を読む楽しみを感じることができるでしょう。

9章　註釈

1-1　財務省、「これからの日本のために財政を考える」

1-2　アダム・スミス（１７２３ー１７９０）18世紀に生きた古典派経済学の創始者。１７７６年に出版した『国富論』ほか、『道徳感情論』が代表作。経済学の父と呼ばれる

1-3　市岡修、『経済学――エコノミックな見方・考え方』、有斐閣コンパクト、２０００年。経済現象を解釈し、経済理論を理解するために必須となる概念や論理を解説する経済学の入門書である

1-4　浅子和美・篠原総一編、『入門・日本経済』、有斐閣、２００６年

1-5　総務省統計局、「新型コロナウイルス感染症の流行と２０２０年度の国内移動者数の状況（２）住民基本台帳人口移動報告の結果〈東京都〉」統計Today　No.172

1-6　帝国データバンク、「新型コロナウイルス感染症に対する企業の意識調査（２０２１年３月）」（２０２１年４月９日発表）

2-1　帝国データバンク、「消費税率引き上げに対する企業の意識調査（２０１９年）」（２０１９年７月11日発表）

2-2　内閣府、「国民経済計算（ＧＤＰ統計）実質季節調整系列（前期比）」

2-3　財務省、「消費税率引上げについて」（https://www.mof.go.jp/tax_policy/summary/consumption/consumption_tax/index.html）

3-1　日本銀行金融研究所 貨幣博物館、「日本貨幣史」

3-2　日本銀行調査統計局、「マネーストック速報(2024年3月)」(2024年4月11日)

3-3　日本銀行、「教えて！にちぎん『マネーストック』とは何ですか?」。なお、日本銀行調査統計局では、マネーストックについて2008年6月以前はマネーサプライという名称で統計を作成・公表していた

3-4　日本銀行が公表しているマネーストック統計には、通貨の範囲に応じてM1、M2、M3、広義流動性の4つの指標がある。本章では、M1(現金通貨と預金通貨の合計)の指標について取り扱う

4-1　総務省、「令和3年社会生活基本調査」、男女、行動の種類別生活時間(2016年、2021年)、週全体

4-2　総務省、「令和3年社会生活基本調査」、男女、主な行動の種類別生活時間(2001年〜2021年)、週全体

4-3　NHK放送文化研究所　世論調査部、「国民生活時間調査」、調査年2000年および2020年

5-1　総務省、「家計調査」、二人以上の世帯―支出金額

5-2　帝国データバンク、「『食品主要195社』価格改定動向調査―2024年4月」(2024年3

月29日発表）

5-3　帝国データバンク、「『上場主要外食１００社』卵メニュー休止状況調査（２０２３年６月）」（２０２３年６月６日発表）

5-4　総務省、「２０２２年 家計消費状況調査」、二人以上の世帯

10章

数字から未来をみる

◉経済予測

◉景気判断

◉72の法則

◉ジニ指数

◉美男美女税……

01

経済予測の使い方

「民間シンクタンクなどは、来年の経済成長率を〇％と予測」。こうした文言がしばしば新聞やテレビなどで報道されるのをご覧になられた方も多いのではないでしょうか。

民間シンクタンクのほかにも、ＩＭＦ（国際通貨基金）やＯＥＣＤ（経済協力開発機構）などの国際機関、日本国内では内閣府など官公庁による経済予測、更に帝国データバンクでも「ＴＤＢマクロ経済予測モデル」を用いた経済見通しを発表しています。

ここで疑問が湧いてきます。なぜ、民間シンクタンクなどは経済成長率の予測を行うのか、そしてこの予測はどのように使えば良いのでしょうか。

経済予測を行う主な目的として、次のようなことがあげられます。

第一に、将来の経済の姿を数値で具体的に示すことにより、企業や消費者の将来への不確実性を減らすことにあります。

第二に、今後起こりそうな経済の姿を早めに知ることで、迅速な政策判断をもたらすことです。政府による財政政策や日本銀行による金融政策などについて政策シミュレーションを行うことで、適切な政策を明示することが可能となってきます。

第三に、長期予測には、あるべき日本の姿を描くことで未来に向けたひとつの指針を示すことも重要な目的です。

経済予測とは、経済指標の将来の数字を作り上げることです。予測は、「予め想《あらかじ》う」という予想とは異なり、「予め（経済指標を）測る」ことを意味しています。

例えば、「今後景気は良くなるだろう」といった定性的判断ではなく、「来年度の成長率は３％」といった定量的な回答を示すことになります。

経済予測を実施する際の考え方としては、まず現実の経済がどのような状態にあるかを知ることが必要です。現状認識が確かでなければ、その先にある将来を予測することはできません。そのためには、多岐にわたる経済活動の重要な部分を抽出した経済統計が役に立ちます。そして、経済理論にもとづく仮説をデータで検証するほか、過去の政策をデータによって評価することにより、将来の政策に役立てることができるようになってきます。このため、政府は2017年にEBPM（証拠に基づく政策立案）推進委員会を発足させるなど、データにもとづいて考えることが一段と重要になっています。

予測を行う際には、そのほかに今後どのような財政・金融政策が行われるかということや、毎日変動する為替レートや株価などが経済に与える影響にも注意が必要です。

エコノミストの「予測」を活かすには？

こうしたことを目的としながら、経済予測を行っているのが「エコノミスト」と呼ばれる人たちです。

「エコノミスト」とは、経済の専門家として、経済の動きやさまざまな問題に関する調査や分析、予測などの仕事を行います。主に経済学者や経済研究者などがエコノミストに含まれますが、日本では経済学者と他の経済研究者を区別して表わすこともしばしばみられます。

実は、エコノミストによる経済予測を利用するにはコツがあるのです。最も重要なのは、それぞれのエコノミストがどのようなことに注目して予測値を算出しているかを比較することです。

そうすることで、**専門家と呼ばれる人たちが経済の現在や将来を見通すにあたって、何を重要な課題として認識しているかを知ることができます。**このような重要課題をエコノミストが見逃すことは通常ではあまりないことです。もしそのようなエコノミストならば、存在価値を疑われてしかるべきでしょう。

もちろん、エコノミストによる経済予測には多くの批判も寄せられています。そのひとつがいわゆる「平均の呪縛《じゅばく》」と呼ばれるものです。過去の予測をみると、多くのエコノミストが予測した結果の平均値は、個々人の予測よりも的中率が高くなる傾向があります。そのため、エコノミストの意識として平均から離れた予測値を出すことは難しく、自然と平均に近づいていくという指摘です。

一方で、経済予測を行う目的にもあるように、エコノミストの役割が必ずしも予測を当てることに主眼が置かれていないことも確かです。

もし、予測精度を主眼とするならば、経済状況などを勘案することなく、過去のデータを延長し、その傾向をつなげた予測が最も高い精度となりやすいことが知られています。

ただし、この場合は、なぜそのような予測結果になったのかについて、何も説明できなくなってしまいます。そのため、予測に対する合理的な理由とともに説明することが求められるなかで、経済における複雑にからみあう相互依存の関係を解きほぐして実態を明らかにし、将来に向けた課題解決を提示することがエコノミストの重要な役割として考えられているのです。

その一環として経済予測が行われています。もちろん予測精度の向上は多くのエコノミストが日々取り組んでいるはずです。予測が「当たった、はずれた」ということに過度に反応することなく、上手に経済予測、そしてエコノミストを使うことが有益でしょう。

02

72の法則

問題です。お金を金利18％で借りた場合、何年後に金額が2倍になるでしょうか。また、12％で借りた場合はどうでしょうか。

すぐにパッとイメージできたなら、すごく優秀な計算力です。実は、**このようなお金が2倍になる期間が簡単に分かる便利な式が「72の法則」なのです。これは「72÷金利≒お金が2倍になる期間」と書くことができます。**

冒頭の問題のように、金利18％で借りると、「72÷18＝4」となるので、約4年で借りたお金が2倍になることが分かります。また、12％で借りたときは「72÷12＝6」となるので、約6年で2倍になります。この法則を知っていれば、例えば、消費者金融でお金を借りる場合（10万円以上100万円未満を借りる場合、法律上の上限金利である18％が通常適用されます）や、クレジットカードの分割払いやリボルビング払いを利用する場合の手数料率は12～15％、あるいはキャッシングに設定されている金利は15～18％が一般的です。すると、どのくらいのスピードで借金が2倍に膨らんでいくかが分かるため、こうしたサービスを利用するかどうか決める際により計画的に判断するようになるのではないでしょうか。

また、お金を借りるだけでなく、お金を運用する場合も、この法則を使うことができます。例えば、「金利4％でお金を運用した場合、何年で2倍になるか」を知りたいときには、「72÷4＝18」となるので、約18年で2倍になることが分かります。この式は、「72÷お金が2倍になる期間≒金利」と変形することができますので、これを使えば「お金を2倍にするためには、何％で運用する必要があるか」ということも計算できます。例えば、10年でお金を2倍にしようと考えた場合、「72÷10＝7・2」となるので、金利7・2％で運用する必要があることが分かるでしょう[1]。

「利回り1％の差」で人生が変わる？

この「72の法則」、かつて日本の長期的な経済計画に対して重要な役割を果たした

3つの「法則」はどんなときに役立つ？

72の法則　＝お金が2倍になる期間

- 金利○％でお金を借りるとき
- 手数料率○％でクレジットカードの分割払いやリボ払いをするとき
- 金利○％でお金を運用するとき

115の法則　＝お金が3倍になる期間

- 預貯金や投資信託などで長期的な投資運用をするとき

126の法則

- 毎月一定額を給与から天引きして長くコツコツと積立投資を行うとき

図表10-2-1 「72の法則」と「115の法則」と「126の法則」

ことがあります。それは、池田勇人内閣で1960年12月に閣議決定された「国民所得倍増計画」です。この計画では、1961年4月からの10年間で実質GNP（国民総生産）を2倍に増加させ、国民の生活水準を西ヨーロッパ先進国並みに到達させることを目標に掲げました。

それでは、なぜ目標期間を10年間としたのでしょうか。実は、統計的に得られていた1958年の実質経済成長率が6・6％だったのです。そこで、これよりも少し高い7％程度で毎年経済成長を遂げれば、約10年で2倍になるという計算です。

池田内閣は、この目標の達成に向けて、内政と外交を結び付けることで、完全雇用の達成と福祉国家の実現、所得配分の是正を図る政策を相次いで打ち出していきました。租税、社会保障、公共事業を三本柱として、経済成長に邁進《まいしん》していったのです。その結果、実質GNPは約4年（1964年8月期）、一人当たり実質国民所得は約7年（1967年10月期）で目標に到達し、計画を大幅に前倒しして達成することができました。一方で、同時に高度成長によるひずみも生じ、インフレーションや第一次産業の減少、大都市への一極集中と地方の過疎化、公害、自然破壊など、解決すべき新たな問題も多く生み出すことになったのです。

2022年度の日本の名目国内総生産（GDP）の成長率は2・0％の増加でした。もし、将来も成長率が毎年2・0％のペースで増加した場合、名目GDPが2022年度の2倍になるのは何年後でしょうか？[2]

それでは、このような法則の考え方を少し応用してみましょう。資産運用を行う時、資産が3倍になる年数と期間はどれくらいでしょうか。

ここで役立つのが**「115の法則」**です。**仕組みは「72の法則」と同じです。**

例えば、預貯金や投資信託などで投資運用した場合に元本が3倍になる期間や利回

りを考えると、「１１５÷１年間の運用利回り＝運用期間」となります。そのため、運用利回りが年５％の時には約23年かかると計算できます。運用利回りが１％なら１１５年、２％なら57・５年、３％なら38・３年です。「長すぎる！」と思われるかもしれませんが、人生１００年時代のなかで、老後に備えようとする場合などでは20〜40年の期間でライフプランを考えるのがより現実的でしょう。長期で運用する時には、１％の違いが大きな差となって表われてくることをしっかりと理解しておきたいところです。

最後に、「１２６の法則」も紹介しましょう。
これは毎月一定額を給与から天引きして、積立投資を行う場合などに便利です。「つみたてＮＩＳＡ」や２０２４年から始まった「新ＮＩＳＡ」、「ｉＤｅＣｏ（個人型確定拠出年金）」などの制度を利用して長期でコツコツと投資に取り組む場合には、「１２６の法則」がより便利かもしれません。このような簡単な式で大まかに数字を捉える際に、ぜひ活用してみてください。

03
金利が「マイナス」になるってどういうこと？

２０２４年3月19日、日本銀行は金融政策決定会合において、およそ8年間にわたり金融緩和政策の象徴となっていたマイナス金利政策を解除しました。同時に、長短金利操作（イールドカーブ・コントロール）も撤廃するなど、２０１３年4月から続いていた量的・質的金融緩和政策は終了しました。

改めて、「金利がマイナスになる」という経済政策について、皆さんはどのように考えていたでしょうか。ここでは、その背後にある非伝統的な金融政策と伝統的な金融政策についてみていきましょう。

マイナス金利政策は２０１６年1月に導入されました。決めたのは日本銀行です。改めて、日本銀行とは何をするところなのか、確認しておきましょう。

日本銀行は、①銀行券を発行し、②通貨及び金融の調整を行うこととされています。さらに、③円滑な資金決済を確保することにより、信用秩序を維持することが目的となっています。そして、理念として、物価の安定を図ることによって国民経済の健全な発展に資することが記されていることが分かります。

実は、中央銀行の目標は国によって少しずつ異なります。そのなかでも、世界の主要国・地域として日米欧の中央銀行で共通している目標は「物価の安定」です。例えば、アメリカの中央銀行であるＦＲＢ（米連邦準備制度理事会）は、①米国の雇用の最大化、②物価の安定化、③適切な長期金利水準の維持を実現することを通じて、米国経済を活性化することを目標としています。特に「雇用の最大化」がＦＲＢの大きな特徴と言えるでしょう。また、ヨーロッパ（ユーロ圏）の中央銀行であるＥＣＢ（欧州中央銀行）は、物価安定の維持が目標となっています。ＥＣＢは第一次世界大戦後にドイツが経験したハイパー・インフレ[1]が第二次世界大戦を引き起こす一因となったことを踏まえて、「物価の安定」を非常に強い目標として掲げています。

このように、**金融政策とは、中央銀行が物価の安定などを目的として、世の中に出回る通貨の量を調節すること、と言い換えることができるでしょう。**ニュースなどでしばしば報道される「金融緩和」という用語は、通貨量を増やす政策で、その方法として金利の引き下げなどが実施されることになります。

日本銀行は何をしたかったのか？

ここ10年あまりの間における日銀の金融政策を振り返ると、２０１２年2月にインフレ目標の前段階となる「中長期的な物価安定の目途」を発表し、翌２０１３年４月にインフレ目標を含め量的・質的金融緩和政策の導入を決定しました。そして、２０１６年1月にマイナス金利付き量的・質的金融緩和政策の導入を決めています（2月開始）。ここからマイナス金利政策がスタートしたことになります。さらに、それまでの金融政策の効果を検証したのち、9月に長短金利操作付き量的・質的金融緩和政策を導入したのです。その後、２０１８年7月に日銀がどのようなスタンスで考えているかを説明する政策金利のフォワードガイダンスを始めました。

改めて金利とは何かを考えてみましょう。金利はお金を借りたり貸したりする際の利息のことです。銀行からお金を借りる時には利息を支払い、逆にお金を預けておく

「マイナス金利」とは3つの階層の〈政策金利残高〉の部分

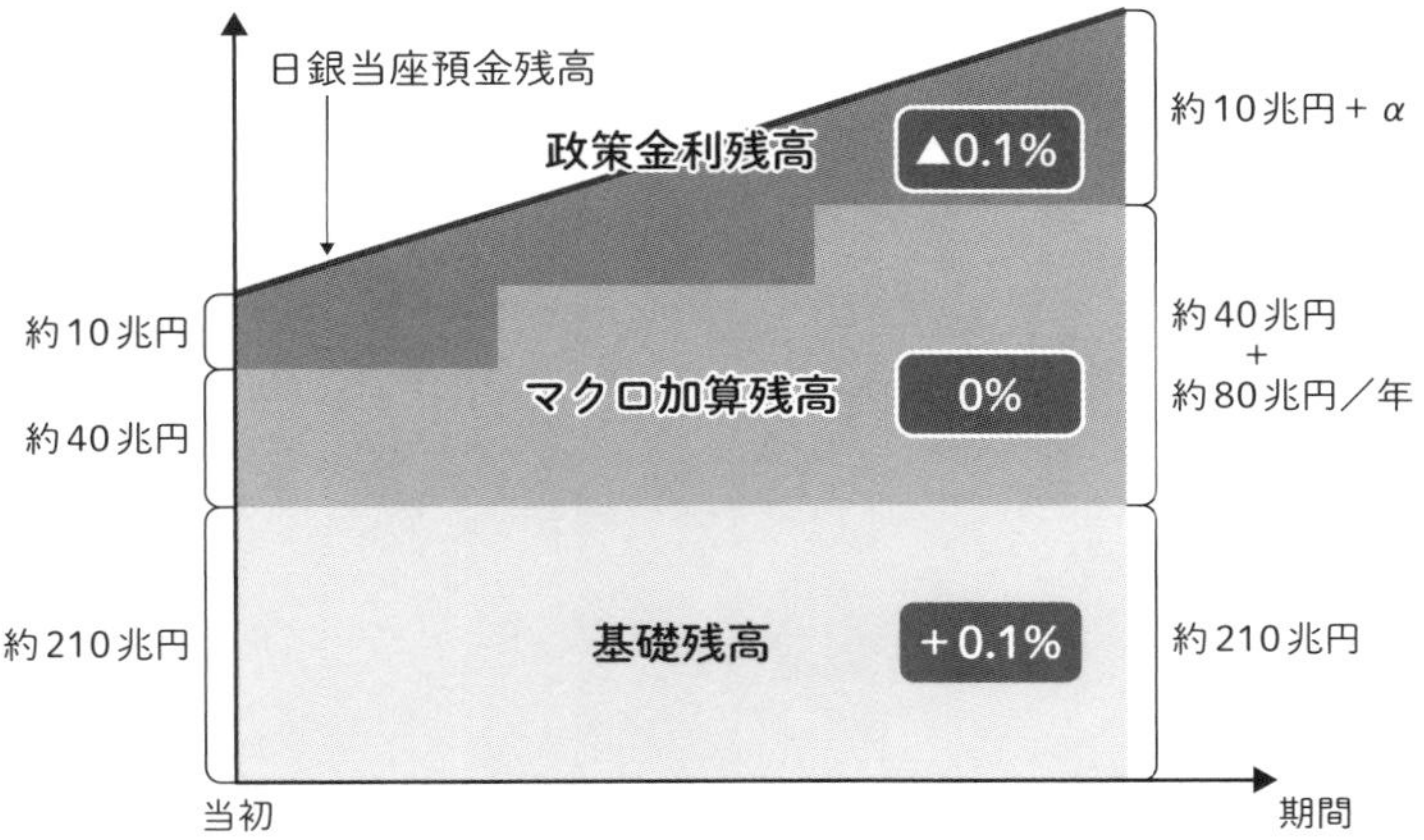

図表10-3-1　日銀当座預金残高と政策金利残高、マクロ加算残高、基礎残高

と、その預金に対して利息が付くのが一般的です。これが金利です。

通常、金利はプラスの値で表現されます。しかし、金利がマイナスになるとはどういうことでしょうか。これは**中央銀行が金融政策の一環として、銀行に預けたお金に対して利息を支払わないどころか、預けた銀行に対して手数料を課すことを指します。つまり、預けたお金が減る可能性があるという異例の状態です。**

もちろん現在のマイナス金利は、普段、私たちが銀行などの金融機関（以下、銀行等）に預けているお金に直接かけられるわけではありません。これは、日本銀行が銀行等にかけているのです。実は、対象となる銀行等は受け入れている預金などの一定割合（これを「準備率」と言います）以上の金額を日本銀行に開設している自らの口座に預け入れることが義務付けられています（準備預金制度）。通常、この準備預金には一定の金利が付けられるのですが、この金利を日本銀行は決めることができるのです。そして、銀行等が義務付けられた割合以上のこの口座に預けたお金の一部に対してマイナス金利が課せられています。日本のマイナス金利政策は3つの階層構造方式を採用しています（図表10―3―1）。マイナス金利が始まったときにすでに預けていた準備預金（基礎残高）にはプラス0・1％の金利が付いています。また、政策変更によって上積みされた部分（マクロ加算残高）に対しては金利がつかず0％です。これを超えて必要以上に日銀に預けている部分に0・1％のマイナス金利が適用されているのです。

それでは、なぜ日本銀行はこのような通常ではない政策を行っているのでしょうか。それは、通常の金融政策（伝統的金融政策）では、安定した経済発展を促《うなが》すことが難しいと考えた時、非常時の政策手段（非伝統的金融政策）を用いてでも目標を達成しようと考えたからです。特に、物価が継続的に下落するデフレーションに陥ることを回避するためです。非伝統的な金融政策の一環として、金利をマイナスにすることで、銀行等が必要以上に日本銀行の口座にお金を預けるのではなく、積極的に企業や個人にお金を貸し出すよう促し、企業や個人がお金を借りやすくし、それが経済全体の活性化につながると考えていたのです。

では、金利がマイナスになることによる懸念点はないのでしょうか。直接的には、銀行は日銀に預けているお金の一部に金利を支払わなければなりません。また、マイナス金利を実施すると、他の金利も低下しやすくなるため、銀行等が企業などに貸し出す金利も低くなり、銀行等の業績が悪化することにつながります。

最後に、非伝統的な金融政策が必要な状況は、通常の手段だけでは経済の調整が難しい場合です。これはまさにここ10年ほどの経済状況に当てはまり、中央銀行は慎重にバランスを取りながら新しい政策を模索していたのです。したがって、金利がマイナスになる状況は経済が特殊な状況に置かれていることを意味します。マイナス金利政策は経済が正常な成長過程に復帰するまでの非常手段ですので、原則として日本銀行を含め多くの政策当局も可能な限り避けたいと考えていました。そして、マイナス金利政策が解除されたいま、日本の金融政策は正常化に向けて踏み出しているのです。

04

就職活動と美男美女税

例年、秋から冬にかけて「美男美女税」や「不器量補助金」が話題になってきます。特に3月の就職説明会の解禁を前にした学生の間で広がりやすい傾向があります。そのためのプチ整形が流行るのもこのタイミングで表われてきます。一種のルッキズムとも言えますが、過去には美男美女税をテーマにしたテレビドラマが作られたこともありました。

「美男美女税」や「不器量補助金」は労働経済学の分野において重要なテーマのひとつともなっています。**日本では少ないですが、アメリカでは容姿や外見と所得との関係を調べた研究が多く行われてきました。**これまでの研究成果からは、学歴や人種、年齢など所得に与える要因を除いたとしても、周囲から美男美女にみられる人と不器量とみられる人との間で、前者の方が統計的にみて所得は高くなるという結果が得られています。ダニエル・ハマーメッシュ・米テキサス大学教授の研究[1]によると、男性は美男子の方が不器量な人よりも年収が約17％分の開きがあり（美男子は並の男性より4％高い年収となるプレミアムと、不器量な男性は並の男性より13％低い年収となるペナルティの合計）、生涯賃金では23万ドル（約3450万円[2]）の違いがあるのです。女性においても美女の方が不器量とみられる人よりも年収の12％分（8％のプレミアムと4％のペナルティの合計）の開きがあるとされています。そのため、「美男美女税」や「不器量補助金」は、機会均等の観点から、容姿の差による所得格差を是正する手段として主張されてきました。

もちろん俳優やモデルなど美男美女がより高い所得を得ることに合理的な理由がある職種も存在しますが、多くの場合は仕事と容姿との関連性は見出しにくいでしょう。なぜこのような問題が経済学で重要になるかというと、経済全体の生産性にかかわってくるためです。先天的な要素も大きい容姿や外見が重視されると、企業、さらには経済全体の生産性を低下させることにつながるからです。そのため、外見の良い人から「美男美女税」を徴収し、悪い人に「不器量補助金」を支給する、という所得再分配政策が議論されることになるのです。

本当に「見た目が9割」なのか?

この容姿・外見と生産性との間でマイナスの関係が生まれる理由としては主に3つ考えられています。

第一に、仕事相手が美男美女であることで顧客の満足度が高まるため、第二に、俳優やモデルなど美男美女であること自体が重要となる職種であるため、第三に、雇用主が好みによって美男美女を採用するため、といった理由です。第一と第二は実際に生産性が高まっているので、所得が高くなることに問題はないのですが、第三の理由は本人の生産性とは直接的な関係のないところで生じています。一般に、第三の理由は競争的な市場におかれている企業では起こりにくいのですが、規制などにより非競争的な市場にある企業で起こりやすくなってきます。こうした市場においては、個人に対する所得再分配とは異なり、規制を排して競争的な市場にするか、あるいは採用を容姿や外見で決めてはならないという規制を導入することが有効な施策となってくるのです。

人と人が直接顔を合わせるコミュニケーションにおいて重要となる要素の関係を表わした「メラビアンの法則」は、1971年に米国の心理学者アルバート・メラビアンが著書[3]のなかで示した調査結果をもとにしています。

メラビアンの法則とは、人と人とのコミュニケーションにおいて、言語情報・聴覚情報・視覚情報が一致していない時に、どの情報が優先されるか、そしてどの情報が相手の印象に影響を与えるかを示したものです。それによると、言語情報が7%、聴覚情報が38%、視覚情報が55%のウェイトで影響を与える、というものでした。**目にみえるものが印象の5割以上を占めるため、さまざまな場面で見た目を重視する傾向がみられるようになりました。**特に就職採用時の限られた時間で行われる面接では、この法則が当てはまる可能性はより高くなってくるでしょう。就職活動において「見た目が9割」と言われるのは、このような素地があるからこそだと考えることができます。

とはいえ、最後は本人の能力や向上心などが決め手になることが多いはずです。「容姿や外見」とは、その人の話し方や所作、視線や表情のクセといったことを含む総合的なものだということは押さえておくべきでしょう。

05

格差は拡大しているの?

経済格差について理解するためには、「ジニ係数」という数値が役立ちます。ジニ係数は、社会や経済においてどれほど所得が均等に分かれているかを示す指標で、0から1までの範囲で表わされます。0に近いほど所得分配が平等で、1に近づくほど不平等であることを示しています。

日本では、しばしばジニ係数を使って経済格差が計測され、その拡大が懸念されています。所得や資産の不均衡が進むと、社会全体に不平等感が広がり、さまざまな問題を引き起こす可能性があるからです。

同時に、将来を担う子どもたちの貧困も注目されています。近年、貧困を理由に給食費や修学旅行費を負担できない家庭や高校中退者の増加、親が国民健康保険の保険料を滞納しているため「無保険」状態で必要とする医療にかかれない児童の発生など、

ジニ係数（経済格差）は徐々に改善されている

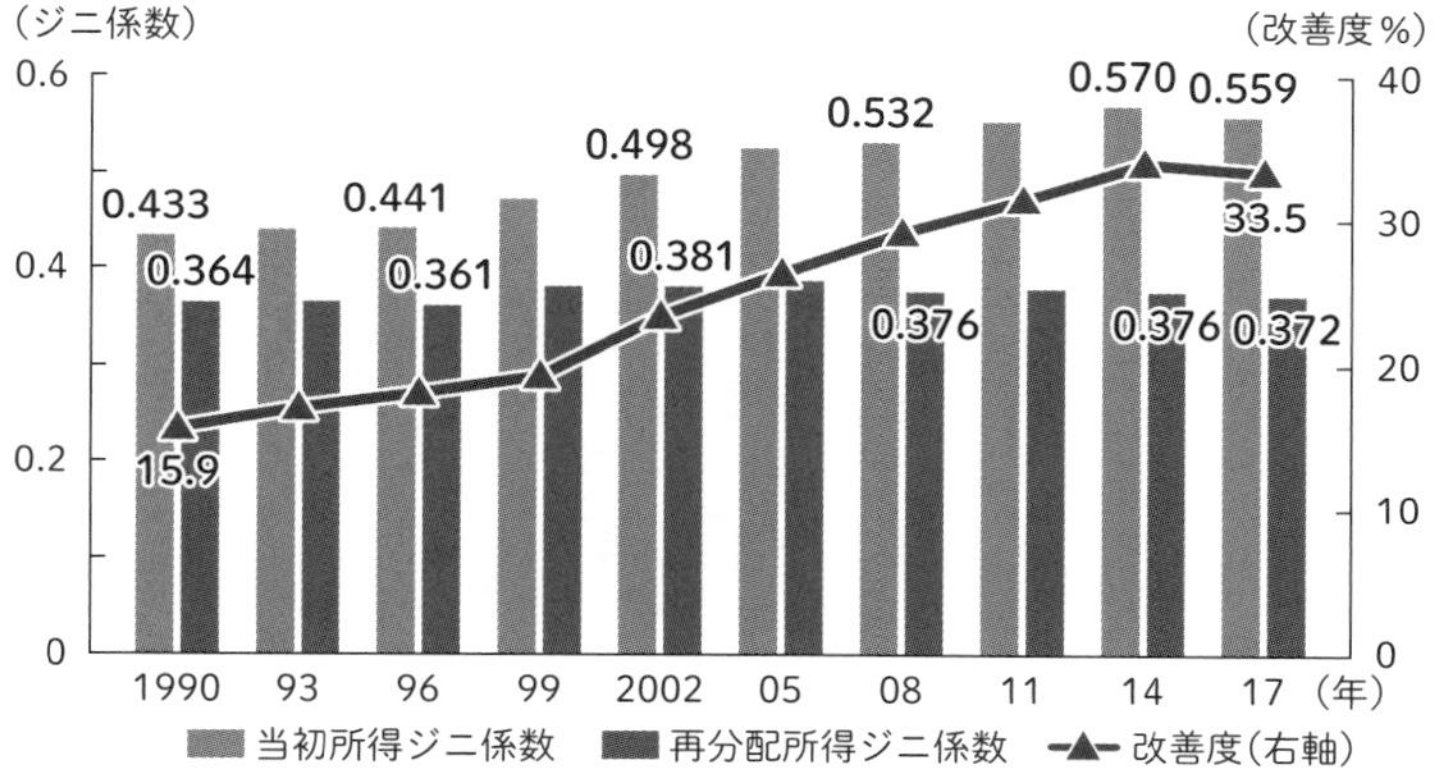

資料：厚生労働省「所得再分配調査」

図表10-5-1　所得再分配によるジニ係数の改善の推移

「子どもの貧困」に関する問題が指摘されてきました。そのため、格差の拡大とともに、将来の社会の持続可能性にも懸念が抱かれています。

経済格差の拡大は、さまざまな要因によって生じてくるものです。例えば、教育機会や賃金の格差、雇用機会の不均等などがあげられます。一部の人々が恩恵を受けつつも、他の人々が取り残される状況が生まれているのです。

こうした問題への対応策として、所得再分配政策が行われています。当初の所得段階で生じる不平等を政策的に和《やわ》らげていこうとするものです。

所得再分配政策は、次のような原則の下

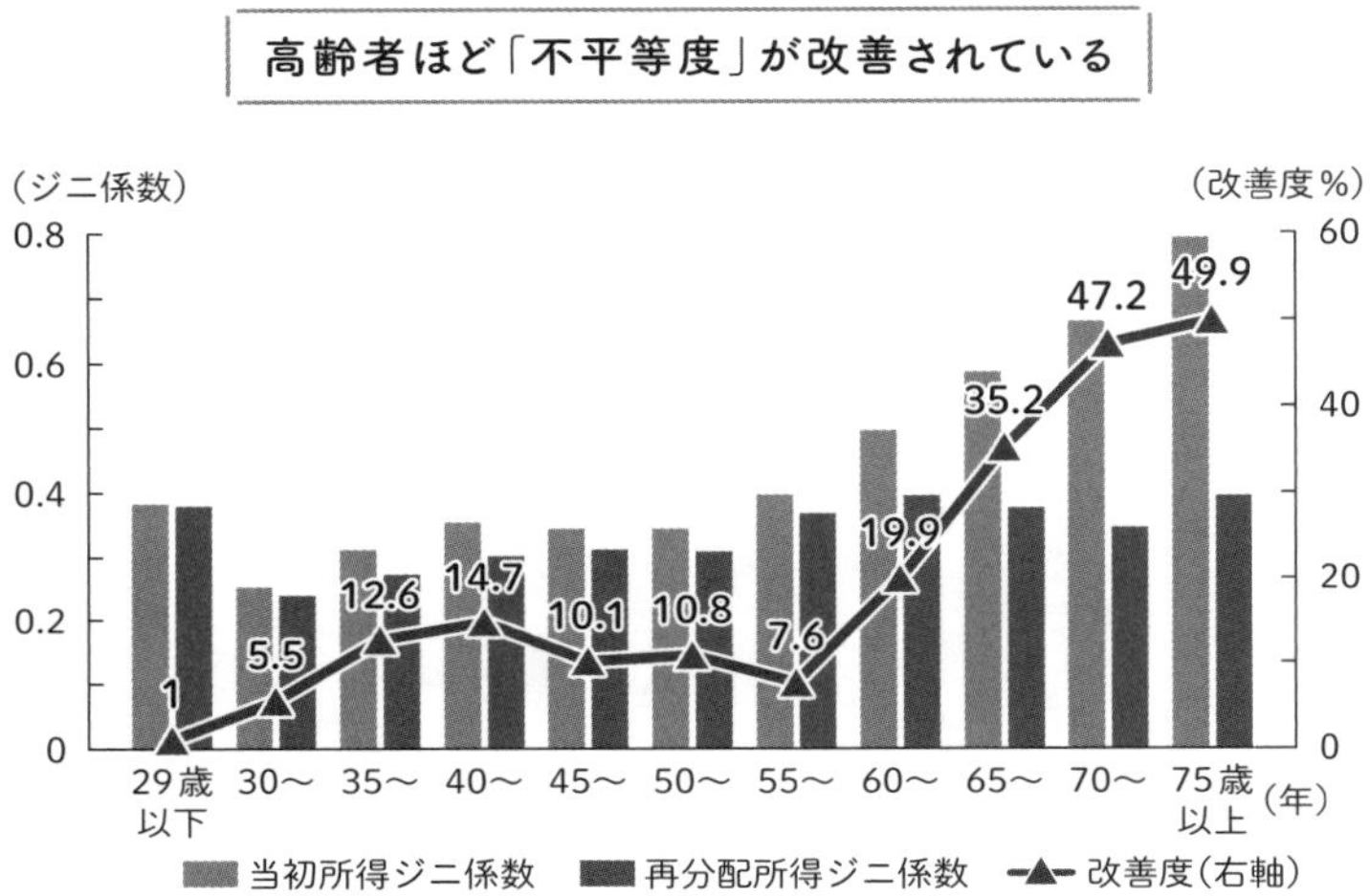

資料：厚生労働省「所得再分配調査」

図表10-5-2　所得再分配によるジニ係数の改善(2017年・年齢階級別)

で実施されています。

1つ目の原則は「基準の公平性」です。所得分配の公平性は、人びとの所得や所有資産などの消費可能な水準を基準にすべきで、特定の企業や産業に属しているかどうかではなく、個々の生計を決定する指標をもとにすべきというものです。2つ目は「支援対象の明確化」です。所得再分配政策は、生計を営むのが難しい人びとに焦点を当てるべきとする原則です。3つ目は「貨幣による分配」というものです。所得の再分配は、貨幣による分配（税と貨幣による移転支出の組み合わせ）を原則とすべきであり、モノやサービスによる分配、特定の企業や産業の保護に頼るべきではありません。そして4つ目が「生活保護費の税制」というものです。移転支出は負の所得税方式を採用すべきとする原則です。

税制による所得再分配については、累進税《るいしんぜい》と逆進税《ぎゃくしんぜい》がもつ違いに対する注意が必要です。累進税（所得税など）は所得分配を平等化する一方、逆進税（消費税など）は不平等を強めるような影響があるためです。

「不平等度」はいま、どうなっている？

それでは、所得再分配の現状をみてみましょう。長期的な推移に関しては、所得再分配の改善度は概ね上昇傾向にあります。また、年齢別にみると、特に高齢期において所得再分配の改善度が大きくなっています。更に税制と社会保障による所得再分配への寄与では、特に社会保障による再分配効果が相対的に大きくなっており、公的年金などが所得の平等化に寄与していることが分かります。これらの背景には、社会保障制度や年金制度の成熟が影響しているのです。

所得分配の不平等度を測るジニ係数は、社会や経済の公平性を評価する上で非常に

重要な指標です。持続可能な財政や社会保障制度を確保しつつ、所得再分配の効果を計測し、いくつかの政策を組み合わせたポリシー・ミックスを検討することが求められます。これらを通じてより公平で安定した社会の構築が期待されるでしょう。

2023年のノーベル経済学賞は、労働市場における男女格差を研究した米ハーバード大学教授のクラウディア・ゴールディン氏が選ばれました。「女性活躍」「男女格差」は、近年話題の世界共通の目標である「SDGs（持続可能な開発目標）」に含まれているほか、世界的に広がっている「ESG投資」の一つの指標であることなど、これまで以上に重要視されています。

帝国データバンクが実施した調査[1]をみても、中小企業を含む約1万1000社の女性管理職の割合は平均9・8％と、1割に届いていませんでした。政府目標の「女性管理職30％」を超えている企業も9・8％で、依然として1桁台にとどまっています。他方、男性の育休取得率は平均11・4％と1割程度となっており、依然として男女間の賃金格差の是正には多くの課題が残っています。

また、別の調査[2]では、SDGsのジェンダー平等に関する目標に力を入れている企業は12・2％、人や国の不平等をなくす目標では9・1％にとどまっており、企業における男女格差や不平等に関する取り組みはなかなか進んでいないようにみられます。

こうした問題に対してはさまざまなアプローチが考えられています。教育の普及やスキルの向上、雇用機会の拡大、社会的なサポートの強化などがあげられます。また、政府や企業、国民が協力して取り組むことも重要です。

公平で包摂的《ほうせつてき》な社会を築くためには、経済格差の問題を理解し、その解決に向けて行動を起こすことが求められます。そこでは、異なるバックグラウンドをもつ人びとが共に成長できる社会を作り上げることが、持続可能な未来を創るカギとなるでしょう。

また、経済格差が縮まることは、単なる数値の向上だけでなく、社会全体の活力と安定にもつながります。ジニ係数が低い国や地域では、国民がより幸福感を感じ、社会的な調和が保たれているとされています。

現代のデータ分析では、経済格差が拡大する要因やその影響を探るために機械学習や人工知能が活用されています。これらの技術を駆使して得られる知見は、政策立案者や企業がより精緻かつ的確な対策を講じる手助けとなるのではないでしょうか。

10章　註釈

2-1　この式で使用する金利は複利（利子にも利子がつくことが前提）で考えている。また、計算される結果（期間や金利）は大まかな数字であって、必ずしも正確な数字ではないことに注意が必要

2-2　成長率が２％程度の場合は、「72の法則」よりも「69の法則」がより近似的になる。実際に計算してみてほしい

3-1　ハイパー・インフレとは、物価水準が1年間に数倍に上昇することで、通貨の信用が失われた状態。具体的には、前月比で物価が50％上昇、年間では１万３０００％上昇（１３０倍）する状態のこと

4-1　Hamermesh, Daniel S., *Beauty Pays: Why Attractive People Are More Successful*, Princeton University Press, 2011（ダニエル・Ｓ・ハマーメッシュ著、望月衛訳、『美貌格差——生まれつき不平等の経済学』、東洋経済新報社、２０１５年）

4-2　１ドル＝１５０円で換算

4-3　Mehrabian, Albert, Silent Messages, Wadsworth Publishing, 1971（Ａ・マレービアン著、西田司、津田幸男、岡本輝人、山口常夫訳、『非言語コミュニケーション』、聖文社、１９８６年）

5-1　帝国データバンク、「女性登用に対する企業の意識調査（２０２３年）」（２０２３年8月17日発表）

5-2　帝国データバンク、「ＳＤＧｓに関する企業の意識調査（２０２３年）」（２０２３年7月27日発表）

〈おわりに〉

「日経新聞の一面にはこれだけの数字が載っている。しかし、それをどれだけ理解できているか心許《こころもと》ない。そのように思っていても表だって聞くことができないビジネスパーソンは多いのではないだろうか」という本書執筆の打診は、執筆者たちの問題意識を明確にし、執筆意欲を大いにかきたててくれるものとなりました。

執筆者の属する経済動向分析チームは、月次の景況感調査としては国内最大である、「TDB景気動向調査」を主要業務としています。執筆者たちは日々さまざまな統計データを読み解いていくことを求められていますが、景気が回復するためには何が必要か、日本経済の将来を担う多くの若者に何を残せるだろうかということを考えていたなかで、本書はうってつけのテーマだったのです。

「数字」の読み方にはある種のノウハウがあります。例えば、それぞれの数字や統計調査がもつ意味を理解する必要がありますが、その際にクセや特徴を把握しておくことは、結果を理解し、解釈する上での重要なポイントとなってきます。もしこうしたクセや特徴を踏まえることなく、経営計画や政策、個別の対策などを立案していくと、目的や目標にそぐわない内容となるどころか、逆効果にすらなってしまいかねません。

一方で、現代社会では、マスコミやインターネット上の情報を鵜呑みにすることなく、その情報を正しく理解・分析・整理し、また自分の言葉で表現し、判断する能力が求められます。このように書くと大仰《おおぎょう》に感じるかもしれませんが、必要なことは非常にシンプルです。誰が言っているのか、出典はあるか、いつ発信されたのか、リプライ欄（返信欄）にはどのような意見があるか、たたき（攻撃）が目的ではないのか、公的情報は確認したか、自身が発信する前にまずは一旦保留する。こうしたことは、SNSやブログなどインターネット上にある情報が本当に正しいのか、それを見極めるための基本行動と言ってもよいものでしょう。

本書の4章04「数字でウソをつくには」でも触れたように、数字や統計データを理解することは、世の中に溢れるフェイク情報から身を守ることにつながります。また同時に、自身がフェイク情報の発信者にならないためのポイントでもあります。

2020年から始まった新型コロナウイルスによるパンデミックは、世界史に残る大きな出来事でした。その間に、企業は業務のオンライン化や働き方の見直しなど、さまざまな改革を行ってきました。また、高齢者のほか、学生や生徒・児童・園児にいたるまで、対面で活動することが困難な時期を幅広い世代で経験しました。このことは、これまで常識と考えられてきたことが、今後は通用しなくなる可能性を示唆しているのではないでしょうか。このような「不確実性の時代」において、数字のもつ意味はかつてなく高まっています。そのような時代でよりどころとなるのが数字を読み解く力でしょう。

本書では、分かりやすさを重視したことから、厳密な定義を記述していない箇所も多くあります。本書から次のステップに進みたい読者は森永康平著『経済指標 読み方がわかる事典』日本実業出版社（2022年）、データ分析に関心のある方は江崎貴裕著『分析者のためのデータ解釈学入門』ソシム（2020年）なども有益です。

最後に、本書執筆にあたり多くの方々の協力をいただきました。一人ひとりの名前をあげることは紙面の都合上できませんが、改めて感謝いたします。本書にまつわる誤りは著者たちにあることは言うまでもありません。

◉さくいん

執筆者紹介

窪田剛士

株式会社帝国データバンク 情報統括部 主席研究員。関東学院大学非常勤講師。筑波大学大学院経営・政策科学研究科修了。社会工学研究所、電通を経て 2007 年に帝国データバンク入社。17 年以上にわたり TDB 景気動向調査など企業経営者意識の定量調査に従事。TDB マクロ経済予測モデルを開発し、短期および中期の日本経済予測を主幹。人口動向や業界の見通し、各種レポートの執筆、講演などを多数手がけている。専門分野はマクロ経済動向全般、消費動向、金融政策。2009 年 4 月より ESP フォーキャスター。

池田直紀

株式会社帝国データバンク 情報統括部 主任研究員。政策研究大学院大学政策研究科修了。建設コンサルタント業界にて、都市交通計画などに従事し、2018 年に帝国データバンク入社。TDB 景気動向調査などの企業アンケート、近年は新型コロナウイルス感染症や価格転嫁に関する企業の意識調査を担当。また、社会経済の関心事に焦点を当てたレポート執筆などに従事。専門分野は都市政策、建設業（土木）。

石井ヤニサ

株式会社帝国データバンク 情報統括部 主任研究員。横浜国立大学大学院国際社会科学府経済学専攻修士課程修了。タイ国財務省のエコノミスト職を経て 2019 年に帝国データバンク入社。 TDB 景気動向調査などの企業アンケートや「国内回帰」「SDGs」「女性活躍」など企業経営に役立つテーマに関する調査、分析を担当。専門分野はアジア経済動向、国際貿易、財政政策、SDGs。

帝国《ていこく》データバンクの
経済《けいざい》に強《つよ》くなる「数字《すうじ》」の読《よ》み方《かた》

著　者――帝国データバンク情報統括部
（ていこくでーたばんくじょうほうとうかつぶ）

発行者――押鐘太陽

発行所――株式会社三笠書房
〒102-0072 東京都千代田区飯田橋3-3-1
電話：(03)5226-5734（営業部）
　　：(03)5226-5731（編集部）
https://www.mikasashobo.co.jp

印　刷――誠宏印刷

製　本――若林製本工場

ISBN978-4-8379-2997-0 C0030